高中历史单元教学
文本研读与问题探究（二）

姚　虹　俞颖杰 / 主编

上海社会科学院出版社
SHANGHAI ACADEMY OF SOCIAL SCIENCES PRESS

图书在版编目（CIP）数据

高中历史单元教学 ：文本研读与问题探究. 二 / 姚虹，俞颖杰主编. -- 上海 ：上海社会科学院出版社，2025. -- ISBN 978-7-5520-4814-8

Ⅰ. G633.512

中国国家版本馆 CIP 数据核字第 2025FY5167 号

高中历史单元教学

——文本研读与问题探究（二）

主　　编：姚　虹　俞颖杰
责任编辑：杜颖颖
封面设计：杨晨安
出版发行：上海社会科学院出版社
　　　　　上海顺昌路 622 号　邮编 200025
　　　　　电话总机 021-63315947　销售热线 021-53063735
　　　　　https：//cbs.sass.org.cn　E-mail：sassp@sassp.cn
照　　排：南京前锦排版服务有限公司
印　　刷：上海龙腾印务有限有公司
开　　本：710 毫米×1000 毫米　1/16
印　　张：12.5
字　　数：214 千
版　　次：2025 年 8 月第 1 版　　2025 年 8 月第 1 次印刷

ISBN 978-7-5520-4814-8/G·1430　　定价：65.00 元

《高中历史单元教学：文本研读与问题探究（二）》编委会

前　言

我国著名史学家梁启超曾对“史学”作出如下阐释：“史者何？记述人类社会赓续活动之体相，校其总成绩，求得其因果关系，以为现代一般人活动之资鉴者也。”[a]这番论述既揭示了人兼具史学主体和史学研究对象的双重身份，及由此带来的史学复杂性，又突显了史学“资治”“借鉴”的社会功能。普通高中历史课程是史学在高中阶段的课程化体现。《普通高中历史课程标准（2017 年版 2020 年修订）》（以下简称“高中课程标准”）明确指出高中历史课程的作用是：学生通过高中历史课程的学习，进一步拓宽历史视野，发展历史思维，提高历史学科核心素养，能够从历史发展的角度理解并认同社会主义核心价值观和中华优秀传统文化，认识并弘扬以爱国主义为核心的民族精神和以改革创新为核心的时代精神，具有广阔的国际视野，树立正确的世界观、人生观、价值观和历史观，为未来的学习、工作与生活打下基础。[b]

自教育部统编教材《中外历史纲要》实施以来，如何在教学实践中切实落实核心素养的培育、有效实现立德树人的目标，成为高中历史教学实践探索的核心话题之一。《高中历史单元教学——文本研究与问题探究》系列积极回应了“双新”背景下的新挑战，是基于教学实践的思考、总结、归纳和提炼，旨在为一线高中历史教师的课堂教学实践提供一条有效的实施路径。

在编纂体例上，本书以《中外历史纲要》教材文本的单元为基本单位，每一单元包含“单元解析”“教材比较”和“核心问题释读”三大板块。“单元解析”侧重于单元内容、单元结构及核心素养水平的解读，建构高中课程标准、教

a　梁启超撰，汤志钧导读．中国历史研究法［M］．上海：上海古籍出版社，1998：1.

b　中华人民共和国教育部．普通高中历史课程标准（2017 年版 2020 年修订）［M］．北京：人民教育出版社，2020：1.

材文本与课堂教学间的紧密联系。“教材比较”关注初中历史统编教材、华东师范大学版高中历史教材（2019 年之前上海地区使用的高中教材）与《中外历史纲要》间的异同点，揭示了《中外历史纲要》表述的立意之新。“核心问题释读”以“核心问题”为支架统整单元教学逻辑，聚焦问题驱动下素养本位的课堂教学。

本书所探索的实施策略主要凸显以下三大特点。

第一，化繁为“通”的整体意识。“通”意指“贯通”，“贯通”意在“融”。在本书中，“通”具体表现在两个层面。第一层是打通初、高中历史教学，实现两者在核心素养培育上的有效衔接。本书“教材比较”板块，以《中外历史纲要》中的单元为基本单位，用表格形式呈现单元在初、高中课程标准中的相关表述，以及在初、高中统编教材中的具体编排，聚焦初、高中课程标准、教材文本的共性、差异与变化，有助于一线教师进一步明确高中通史课的教学内容，即领会掌握大的时代特征而非史实的面面俱到，从而更精准地把握初、高中历史教学的循序渐进与核心素养培育的统一性。第二层是通联单元内每一课间的内在逻辑，强调单元结构的宏观分析和单元内容的整体性理解。《中外历史纲要》教材文本的单元结构完整、主题突出，单元标题、单元导言正是单元文本内容主旨的核心所在，单元中每一课内容的设置都围绕单元主题展开。因此，本书采用教材文本的单元而非单元中的每一课作为基本研究单位，更契合教材文本的编写逻辑，凸显人类历史发展基本规律和大趋势这一高中历史课程的核心主题。

第二，依“纲”据“本”的文本意识。依“纲”指领会高中课程的精神，理解高中课程标准是解读教材文本的起点。据“本”指以《中外历史纲要》教材文本为最重要的课堂教学资源，从教材文本出发、深耕教材文本是高中历史教学实践的出发点。依“纲”据“本”，重点关注高中课程标准中“内容要求”“教学提示”“学业要求”与教材文本立意、导向和方法间的关联，挖掘教材文本表述的内涵意蕴和内在逻辑结构。在本书中，依“纲”据“本”着重体现在两个方面。一方面，在理解高中课程标准的基础之上，本书围绕单元标题的关键词、单元导言中的关键语句，重点解读单元主题，揭示单元与课、课与目之间的内在联系。另一方面，本书“核心问题释读”板块充分运用教材文本“学思之窗”“史料阅读”“历史纵横”“问题探究”中的史料，积极探究史料的深意，如史料的叙述、解释、逻辑及作者的立场、态度、情感价值观等，揭示史料背后的史学思想方法。

第三，“问”中求“知”的问题意识。问题意识在高中历史的“教”与“学”中都占有重要的地位。高中历史教学中的“问”，不是简单的就事论事，而要“循着历史发展的过程，循着学生认识历史的过程，追问乃至抽离出思维方式，进而通过思想方法的建模为之后的历史学习（认识）指引路径”。[a]本书“核心问题释读”板块，聚焦于“设问”，以及“问”所蕴含的思想、方法和价值观。该板块的“问”分为两大部分。第一部分是以单元线索的形式、以问题为导向，结构化、系统化地呈现出教材文本单元主题下“课”的教学方向。单元线索具体分解为一系列问题集合，其中的问题既基于教材文本又高于教材文本、既提纲挈领又逻辑清晰、既环环相扣又层层推进、既传达史学思想方法又落实学科素养培育。第二部分是借助“问”的形式，将教材文本单元中值得进一步深入探究的话题与相关史学研究的焦点问题相结合，以“问”促思，以“问”促学，进一步提升单元教学内容的深度与广度。

本书由上海市特级教师、正高级教师姚虹老师领衔的历史名师工作室项目组，在教学实践基础上对优化高中历史单元教学、文本解读的初步尝试和思考。随着研究的进一步深入开展，我们将对进一步丰富和完善我们的研究成果，并期待同行们的指正。

本书编写组

2025 年 3 月

a 於以传. 中学历史：基于主旨和目标的选材与设问［J］. 上海课程教学研究，2020（06）：68 – 70.

目　录

前言　/ 1

第一单元

古代文明的产生与发展　/ 1

第一部分　单元解析　/ 1

第二部分　教材比较　/ 3

第三部分　核心问题释读　/ 7

第二单元

中古时期的世界　/ 18

第一部分　单元解析　/ 18

第二部分　教材比较　/ 20

第三部分　核心问题释读　/ 23

第三单元

走向整体的世界　/ 44

第一部分　单元解析　/ 44

第二部分　教材比较　/ 46

第三部分　核心问题释读　/ 49

第四单元

资本主义制度的确立　/ 67

第一部分　单元解析　/ 67

第二部分　教材比较　/ 69

第三部分　核心问题释读　/ 74

第五单元

工业革命与马克思主义的诞生 / 87
第一部分　单元解析 / 87
第二部分　教材比较 / 89
第三部分　核心问题释读 / 92

第六单元

世界殖民体系与亚非拉民族独立运动 / 104
第一部分　单元解析 / 104
第二部分　教材比较 / 106
第三部分　核心问题释读 / 110

第七单元

两次世界大战、十月革命与国际秩序的演变 / 126
第一部分　单元解析 / 126
第二部分　教材比较 / 129
第三部分　核心问题释读 / 134

第八单元

20 世纪下半叶世界的新变化 / 153
第一部分　单元解析 / 153
第二部分　教材比较 / 155
第三部分　核心问题释读 / 159

第九单元

当代世界发展的特点与主要趋势 / 172
第一部分　单元解析 / 172
第二部分　教材比较 / 174
第三部分　核心问题释读 / 177

第一单元

古代文明的产生与发展①

第一部分　单元解析

课程标准要求

高中课程标准②对本单元的教学要求阐述如下：

知道早期人类文明的产生；了解各文明古国发展的不同特点，并分析、认识这些特点形成的不同时空条件；认识古代各大帝国的区域性影响和不同文明之间的早期联系。

单元主题解读

本单元的大标题“古代文明的产生与发展”包含了三个关键词。“古代”是对本单元时间概念的界定，本单元属于世界古代史的内容，主要介绍的是世界上古史的部分。“文明的产生”和“文明的发展”则强调不同阶段的不同特征。前一阶段旨在说明早期人类文明在多种因素影响下是如何产生的，之后又经历了怎样的过程。后一阶段则凸显古代文明发展的不同条件、不同特点，以及文明的扩张与横向的交往。

在本单元的导言中，有三点表述值得关注。“农业与畜牧业是人类文明产生

① 教育部组织编写：《普通高中教科书历史必修中外历史纲要（下）》，人民教育出版社2021年版。以下简称《中外历史纲要（下）》，本书所列单元与其一致。

② 中华人民共和国教育部：《普通高中历史课程标准（2017年版2020年修订）》，人民教育出版社2020年版。以下简称“高中课程标准”。

的重要前提”，农业与畜牧业的产生不仅使人类从食物采集者变成生产者，而且促进了社会分工的发展。社会分工的发展、剩余产品的出现、阶级的分化，这些变化使人类最终走向文明。“古代文明呈现出多元发展格局”，囿于生产力水平，人类早期文明较多受制于不同地区的时空条件，呈现出基本独立发展的多元特征。“不同地区的文明，随着历史的发展不断加强交流，并相互影响”，从文明产生之初，不同文明之间一直存在不同程度的交流。伴随着农耕文明在古代世界不断扩大，和平、扩张、战争等多种交流方式交织，推动人类文明在更大范围的传播和交往。

单元内容结构

本单元总共两课，第 1 课“文明的产生与早期发展”和第 2 课“古代世界的帝国与文明的交流”，涵盖了早期人类文明的产生和发展情况。

第 1 课旨在说明早期不同地区文明在表现出某些共同特征的同时，更多受当地人文和自然因素的影响下各自独立发展及其因此产生的多元面貌。第 2 课则重点阐述了不同地区文明之间的联系与影响。文明发展是一个动态演进的过程，伴随时空的扩展，古代区域文明的国家形态与政治体制也发生相应的变化。农业革命发生后，农耕世界凭借经济、政治和文化上的优势，在与游牧世界的竞争中，其统治范围不断扩大。在农耕文明和古代帝国对外扩张的基础上，促进了各区域文明的横向联系、相互影响和交流融合，推动了人类文明的传承与发展。本单元在注重介绍不同文明纵向发展的同时，也强调区域文明之间的横向联系。

核心素养水平建议

（1）能够运用唯物史观的相关理论，分析早期人类文明相对孤立分散的特点，认识历史与地理等时空环境对古代人类文明多元特征的重要影响，辩证看待战争和古代帝国制度建设对古代文明交流的作用。

（2）能够通过阅读、提取、归纳信息，习得分析历史现象、历史事件特质的方法，提升历史解释的能力。

（3）能够利用地图、绘画作品、文献等不同类型的史料，知道不同文明之间联系的概况；在区分不同类型史料价值的基础上，了解帝国的武力扩张及其制度建设。

（4）体会历史的多面相，感受早期人类文明在诞生过程中，人类在适应自然过程中的智慧与创造力，感悟文明在交流中传承、进步的历史意义。

第二部分　教材比较

一、与初中课程标准①、教材比较

《中外历史纲要（下）》第一单元“古代文明的产生与发展”以通史为脉络、以文明史为特色，基于地理空间视角，主要概述了早期人类文明的产生、世界各区域文明的特征、古代世界的奴隶制帝国和东西文明交流，属于世界古代史范畴。从文本内容来看，该单元是《世界历史第一册》② 第一单元“古代亚非文明”、第二单元“古代欧洲文明”的内容拓展与延伸，两者既有共性又具差异。

1. 课程标准相关内容表述

课程标准相关内容表述对比见表 1－1。

表 1－1　课程标准相关内容表述对比（第一单元）

初中课程标准	高中课程标准
1. 初步了解原始社会时期的人类活动； 2. 通过金字塔、《汉谟拉比法典》，以及种姓制度和佛教的创立，了解亚非古代文明及其传播； 3. 知道建立在奴隶制基础上的希腊城邦和罗马共和国，了解希腊、罗马的古典文化成就，以及亚历山大帝国、罗马帝国对文化传播和交流的作用	1. 知道早期人类文明的产生； 2. 了解各文明古国发展的不同特点，并分析、认识这些特点形成的不同时空条件； 3. 认识古代各大帝国的区域性影响和不同文明之间的早期联系

① 中华人民共和国教育部：《义务制教育历史课程标准（2022 年版）》，北京师范大学出版社 2022 年版。以下简称“初中课程标准”。

② 教育部组织编写：《义务制教育教科书（五四学制）》世界历史第一册》，人民教育出版社 2019 年版。以下简称《世界历史第一册》。

可以看到，初中课程标准按照时序与区域对了解人类的起源、早期文明的发展和欧亚文明的交流做了明确的要求。相较于初中课程标准，高中课程标准依然强调人类文明与国家的形态伴随着时代的发展而不断进步，并结合高中学情着重引导学生去认识这些发展背后的深层次原因。

2. 教材相关单元、课、目编排

教材相关单元、课、目编排对比见表1－2。

表1－2　教材相关单元、课、目编排对比（第一单元）

《世界历史第一册》		高中《中外历史纲要（下）》	
第一单元　古代亚非文明 第二单元　古代欧洲文明		第一单元　古文明的产生与早期发展	
第1课　古代埃及	尼罗河与古埃及文明	第1课 文明的产生与早期发展	人类文明的产生
	金字塔		
	法老的统治		
第2课　古代两河流域	古代两河流域文明		古代文明的多元特点 古代文明的扩展
	古巴比伦王国		
	《汉谟拉比法典》		
第3课　古代印度	古代印度河流域文明		
	森严的种姓制度		
	释迦牟尼创立佛教		
第4课　希腊城邦和亚历山大帝国	希腊城邦		
	雅典的民主政治		
	亚历山大帝国	第2课 古代世界的奴隶制帝国	古代世界的帝国
第5课　罗马城邦和罗马帝国	罗马城邦		
	罗马帝国		
	罗马帝国的衰亡		
第6课 希腊罗马古典文化	文学和雕塑	第2课 古代世界的奴隶制帝国	文明的交流
	建筑艺术		
	哲学和法学		
	公历的缘起		

◆ 从内容编排看，《世界历史第一册》第一单元“古代亚非文明”与第二单元“古代欧洲文明”共6课时。这两个单元从自然地理环境、文明代表成果和制度演变发展等方面详细叙述了世界古代各区域文明的概况及特征；而《中外历史纲要（下）》第一单元“古代文明的产生与早期发展”在叙述世界古代各区域文明发展历程的同时，更侧重于对古代文明的多元特点、扩展交流进行阐释与比较。通过文明交流与传播的主要方式、途径和载体，展现重要区域文明成就交流传播的过程，以及对不同区域文明发展变化所产生的重要影响。

◆ 就知识点而言，《中外历史纲要（下）》第一单元相较于《世界历史第一册》第一、二单元新增知识点大致有：人类文明的产生、古埃及法老统治下的行政管理制度、《吉尔伽美什》史诗、古代文明的扩展、波斯帝国和孔雀帝国、东西方文明的交流等内容。

◆ 从行文表述上看，需要特别指出下列方面。

就文明的具体时序而言，《世界历史第一册》第一单元“古代亚非文明”并未对两河流域文明和古埃及文明诞生的时序作出明确的界定。《中外历史纲要（下）》对于两河流域和古埃及文明诞生的时间有明确的界定，具体表述为“公元前4000年左右，这里（两河流域）开始向文明过渡，约公元前2900年，两河下游的苏美尔地区出现一系列城市国家”。“公元前3100年左右，埃及初步实现统一，建立起比较完善的官僚系统”。

关于古代印度的种姓制度。《世界历史第一册》明确点明“雅利安人进入印度后，逐渐建立了严格的社会等级制度，史称种姓制度”。《中外历史纲要（下）》则表述是“在国家形成过程中，印度发展出贵贱分明、职业世袭、法律地位不平等的种姓制度”。

对罗马帝国的描述，《世界历史第一册》表述为“2世纪，罗马帝国进入黄金时期。帝国的版图横跨欧、亚、非三洲，地中海成了罗马帝国的‘内湖’”。而《中外历史纲要（下）》的描述为“在罗马帝国统治下，地中海地区保持了200多年的和平。由于奴隶和广大平民的辛勤劳动，帝国内不同地区经济联系的加强，以及贸易的发展，帝国在1—2世纪空前繁荣”。高中教材的表述更为全面，将时间、原因和影响在短短一段中表述清楚。

关于西罗马帝国的灭亡。《世界历史第一册》对灭亡的时间和原因明确界定为“476年，西罗马帝国在日耳曼人的打击下灭亡”。《中外历史纲要（下）》

则指出“5世纪后期，在内外矛盾的夹击下，西罗马帝国灭亡”。对时间和原因有了更加全面的界定。

与华东师范大学出版社版高中教材比较

《中外历史纲要（下）》第一单元“古代文明的产生与发展”对应华东师范大学出版社版《高中历史第一分册》① 第一单元“古代东方”和第三单元“古代希腊罗马”。两版教材的内容存在着一定的差异，《中外历史纲要（下）》新增了早期人类文明的产生，古代文明的扩展和不同文明之间的早期联系。

◆ 从内容编排看，华师大版《高中历史第一分册》基本按照历史事件发生的时序进行编排，以“一地一课”的形式阐明了早期人类文明的发展过程。《中外历史纲要（下）》则采用通史加专题的形式呈现课程内容，首先从宏观角度阐明了人类文明产生的共性，以唯物史观统领对历史的认识。进而分别从纵向上突出区域文明的多元发展，横向上将不同地区文明之间进行联系和对比，从而引导学生认识到古代文明有一个从点到面的发展过程，把握世界古代史发展的总体趋势。使学习内容更加结构化、集约化。

◆ 就知识点而言，《中外历史纲要（下）》相较于华师大版《高中历史第一分册》新增知识点大致有：原始农业与畜牧业；私有制产生与阶级分化；奴隶制与国家形成；古代埃及文明、古代西亚文明、古代希腊文明的扩展；波斯帝国；亚历山大帝国；古代不同地区间文明的交流等。华师大版《高中历史》中有关雅利安人统治与吠陀时代、希腊古典文化中史诗与建筑艺术、罗马共和制、罗马法体系等相关内容在《中外历史纲要（下）》第一单元中没有涉及。

◆ 从行文表述看，需要特别指出下列方面。

关于文明的发展，华师大版《高中历史第一分册》每一课讲述一个古代地区文明，行文表述更为详细，意在引导学生认识世界古代文明多元发展的特点。介绍两河地区文明发展，华师大版《高中历史第一分册》表述为“这些王国之间既有相互交往与融合，也为争夺劳动力、水源、土地和对水利设施的控制权进

① 余伟民主编：《高级中学课本高中历史第一分册（实验本）》，华东师范大学出版社2008年版。以下简称华师大版《高中历史第一分册》。

行战争”。对于埃及的文明发展，表述为“尼罗河的定期泛滥带来了充沛的水量，使得地处亚非大干旱区的古代埃及成了沙漠里的一块绿洲，适于农业生产和人类的居住”。介绍印度文明，表述为“随着生产力的提高和社会分化的加剧，雅利安人部落首领逐渐将氏族公社的管理机构转变为国家机构，用暴力手段保护奴隶主贵族的利益，维护社会秩序。到公元前6世纪左右，印度河流域和恒河流域共有20余个国家”。

《中外历史纲要（下）》则突出人类文明产生的一般状况，引导学生认识世界古代文明多元一体的特点。关于文明的发展，教材表述为“社会分工的发展和劳动生产率的提高，使人类在满足自己的基本需要之外，有了剩余产品，为私有制和剥削的产生创造了条件。部落首领利用职权把一部分公共产品据为己有，私有制逐渐产生，社会分化成统治者和被统治者两大阶级。在有关原始社会后期的考古发现中，人们居住的房屋出现了明显区别，富人的房屋宽敞，穷人的房屋狭小；富人的墓中随葬品丰富，穷人的墓中很少有或几乎没有随葬品。为争夺土地和资源，一些部落之间爆发战争，被征服者往往成为征服者的奴隶，奴隶制成为人类第一种剥削制度。奴隶反抗奴隶主的斗争，成为最早的阶级对抗形式。在阶级矛盾和部落战争的双重作用下，逐渐出现了政府、军队和监狱等强制机关，国家开始形成。原来的部落首领，演变为阶级社会中国家的统治者。人类由此进入奴隶社会。出于记事和管理的需要，文字产生了”。详细地介绍人类文明发展的每个重要阶段。

第三部分　核心问题释读

线索一　早期人类文明的产生

1. 早期人类文明的产生与特点

◆ 何谓“文明”？

“文明”一词的含义确切地说，究竟是指什么呢？人类学者指出了将文明与新石器时代的部落文化区别开来的文明的一些特征。这些特征包括：城市中心；由制度确立的国家的政治权力；纳贡和税收；文字；社会分为阶级或等级；巨大的建筑物；各种专门的艺术或科学；等等。

——［美］斯塔夫里阿诺斯：《全球通史》，
北京大学出版社 2012 年版，第 29 页。

所谓“文明”就是使人类脱离野蛮状态的所有社会行为和自然行为构成的集合，人类文明的发展有一定的内在规律。农业和畜牧业的产生是人类迈向文明的前提，推动了区域文明的成形和发展。在此基础上，早期城市的出现、国家（阶级）的形成和文字记载的出现，共同标志着人类文明的产生。

原始社会时期生产力低下，人类以采集和渔猎为生。伴随劳动工具的进步以及生产经验的丰富，早期农业和畜牧业应运而生，之后手工业、商业相继出现。私有财产的出现引发了阶级对立，促进了国家的形成，这一切变化的根源就是生产力的发展。

◆ **早期人类文明具有怎样的特点？**

首先，各区域文明独立发展。

古代世界主要的文明地区位于西亚的两河流域、北非的尼罗河流域、南亚的印度河和恒河流域、中国的黄河和长江流域以及欧洲的巴尔干半岛南部和爱琴海附近。受自然地理和历史条件的制约，各地区早期人类文明呈现独立发展的态势。

其次，各区域文明特征多元。

就政治制度来看，在世界上古时期，生产力相对落后，地理环境对人类各区域文明的制度形态具有巨大影响。西亚的两河流域经常受到外族入侵、帝国更换频繁、充满不安全感，因此在制度管理方面比较重视契约、保护私有财产，进而诞生了目前已知世界上现存最早的成文法典——《汉谟拉比法典》。该法典在维护奴隶主阶级利益的同时，一定程度上保障国家的稳定和社会的有序。

北非尼罗河流域的古埃及农耕盛行、长期统一、政权较为稳固、航行便利、生活较惬意，独特的地理特征塑造了埃及人的来世信仰。南亚印度河和恒河流域在雅利安人入侵后，主要从事农耕生产，建立了严苛的贵贱分明的种姓制度，同时依托婆罗门教巩固其统治。

位于欧洲的巴尔干半岛南部和爱琴海一带的古希腊地区海岛众多、小国寡民，其文明呈现出有组织、具有共同精神和价值观以及具有较高文明程度的社会体系——城邦制。在此基础上发展并形成了独特的民主制度。

2. 早期人类文明多元特征与时空条件的关系

自然环境对人类文明的产生和发展有着重要影响，但是并不是决定性因素。除了自然环境，区域文明的成形还受到生产力发展水平、交通条件、文化传统等因素的影响。

◆ **尼罗河流域与两河流域的自然环境有何异同？**

尼罗河不仅给埃及提供了充足的水源，还为埃及提供了交通、通讯以及其他食物来源。尼罗河从每年7月开始泛滥，9月达到高峰，通过尼罗河的泛滥，埃及进行耕种的肥料有了保证。因为尼罗河，古埃及的历法把一年分为三季，分别是7—10月的泛滥期，11月到次年2月的生长期，3—6月的干旱期，这与尼罗河的涨落是完全吻合的。尼罗河中的鸟类、鱼类，还有其他动物，是埃及人非常重要的食物来源。

——晏绍祥：《世界文明的摇篮：古代两河流域和埃及文明》，《历史教学》（上半月刊）2022年第3期，第4页。

古代文明的产生往往与河流有着密不可分的关系，尼罗河流域与两河流域同属于大河文明范畴，但河流的不同特点对其文明成形产生了重要的影响。

埃及是尼罗河的赠礼，尼罗河就像古埃及文明体内的血脉。尼罗河全长6 670千米，发源于非洲东部高原，在开罗注入地中海。虽然尼罗河流经埃及的部分只占其全长的1/6，它却是埃及的母亲河。尼罗河流域的定期泛滥有利于农业生产的发展和政权的统一稳定，古埃及人掌握了尼罗河泛滥的规律，根据太阳的活动轨迹制定出了世界上第一部太阳历，书写的莎草纸也来自尼罗河流域，稳定的农业使得古代埃及文明稳定而保守、自信而乐观，为埃及文明的起源和发展奠定了经济基础。

对每年洪水泛滥的恐惧，加上永远存在的外族入侵的威胁，使苏美尔人深深感到，自己正在独自面对着许多自身无法控制的力量。……

美索不达米亚人试图通过编纂完备的法典来减轻笼罩着他们的不安全感，而《汉谟拉比法典》就是其中最杰出的一部。

——［美］斯塔夫里阿诺斯：《全球通史：从史前史到21世纪（第7版）》，董书慧等译，北京大学出版社2005年版，第61—62页。

西亚的两河流域，大部分地区干旱少雨，幼发拉底河和底格里斯河虽然为农业的发展提供了充足的水源，但是不定期的泛滥又带来了自然灾害，出现了洪水传说和方舟传说，建筑使用泥砖，文字也记载在泥板上，平坦的地势极易受到外族入侵，政权更迭频繁，加上民族成分复杂，因此需要制定法律，来保障政权的稳定和社会的秩序。

◆ **希腊雅典的民主政治是如何形成的?**

由于特定的历史条件，荷马时代的希腊人得以在较低的社会形态下达到较高的经济水平和文化程度。这种较高的经济水平加上独特的地理环境，推动希腊人在步入文明后迅速地走上以工商立国的道路，而其富于氏族民主精神的雄厚文化传统，则为他们规定了一个实行民主政治生活的起步方向。

大移民时代工商业货币经济、海外贸易殖民事业的巨大发展，加上有限的城邦规模，则从根本上确定了他们政治生活日益民主化的发展道路。

——刘学伟:《古代希腊城邦民主政制成因试析》，
《四川大学学报》1981 年第 4 期，第 107 页。

古希腊地区海岸线曲折、境内多山、交通不便、耕地有限，这样的地理特征对古希腊人产生了重要影响。一方面，被山脉阻隔的块状平原，有助于以小国寡民为特征的古希腊诸城邦的形成；另一方面，有限的农耕土地和众多的海湾良港，促使古希腊人积极从事海外贸易和殖民活动，赋予了古希腊人开拓冒险的精神。这一切都有利于古希腊人平等观念的发展和民主政治的建立。

梭伦、克利斯提尼和伯利克里三位政治家在雅典城邦制度建设方面，因地制宜进行适切的调整与变革，循序渐进地推动了雅典民主政治的成形。梭伦颁布“解负令”，拔去土地上贵族所立、具有宗教神圣性的界石，取消了贵族的田地权，将土地交给实际在上面耕作的外乡人手里，建立了一种新的私有制。克利斯提尼的改革内容广泛，其中最具特色的两点是重划选举区和保留梭伦确立的财产原则，克利斯提尼改革在一定程度上削弱了血缘关系，打击了贵族势力，促成了国家的形成。在伯里克利时期，不仅人人可以参政，而且还给予出席公民大会的穷人以津贴，从而保证“穷人也能有暇从政”。

此外，学界也有不少学者认为，雅典民主政治的形成与其宗教信仰密不可分。一方面，民主政治的兴起要瓦解宗教与氏族的影响力；另一方面，宗教中存在的民主元素又直接促进了雅典民主政治的形成。在雅典实行民主政治的过程中，采用抽签法选举政府官员的做法，实际上源于其宗教习俗。众多原始部落同样采用抽签法来选择巫师，并由巫师来掌管所有宗教和世俗事务。在古雅典人的信仰中，无论是抽签还是观测天象，都被视为确保所有公民都能平等参与政治管理的手段，这与民主政治的核心理念不谋而合。由此可见，雅典人的宗教生活在很大程度上塑造了其政治生活的面貌。

线索二　古代文明的扩展

1. 哪些原因推动了古代世界农耕文明的扩展?

一块土地经过开垦、种植若干年之后，就得放弃，让它在 8 年、10 年，甚至更长的一段时间里处于自然生长状态，以恢复土壤肥力。农业的这种粗放性，使得被放弃（即休耕）的土地与正在种植的土地在任何时候总是处于 5∶1 到 10∶1 之间。这一点再加上人口不断增长，就形成了这样一种必要性，即必须不断进入新的区域，以扩大耕地面积。……农业就是以这种方式从其发源地向四面八方传播。

——［美］斯塔夫理阿诺斯:《全球通史》，
北京大学出版社 2005 年版，第 26—27 页。

农耕文明最初诞生在大河流经、冲积而成的平原地带，比如北非的尼罗河流域、南亚的恒河、印度河流域，东亚的黄河、长江流域，西亚的两河流域等地。这些区域拥有支持农业发展的肥沃土地、灌溉条件和充足的光照，成为人类农耕文明的发源地。随着人类的迁徙和相互之间交流的加深，农业生产技术缓慢向其他适宜农耕的地方扩展，并在与游牧、狩猎等生产方式的竞争中逐渐取得获胜，农耕文明随之大范围拓展。

伴随农耕的发展，人类获得了相对稳定的食物，随之而来的是人口的增长。当人口增长到一定数量的时候，早期农业时代的生产力势必无法支撑新增加的人口，社会内部就食物的分配会产生难以调和的矛盾，而这正是农耕文明对外扩展的最基本动力。

2. 古代世界农耕文明为何能扩展?

随着其人数的增多，狩猎者们不得不转向农业，因为农耕技术的生产率比狩猎活动要高得多。同一块地所能养活的农民比所能养活的狩猎者要多得多。……当部落社会人口增加，对食物需求也相应增大时，部落社会便无法与生产率高得多的文明社会相对抗。诸文明社会之所以会生产率更高，是因为它们是建有国家机构的阶级社会，国家机构能从农民身上榨取税收和租金来供养国王、朝臣、官吏、军事首领、传教士和书吏。

——［美］斯塔夫理阿诺斯：《全球通史》，
北京大学出版社 2005 年版，第 54—55 页。

古往今来，我们更多熟悉的是游牧文明的扩张，然而如果从扩展范围和最终影响来看，农耕文明无疑远远超越了游牧文明。世界古代几大帝国，无一不是农耕文明，而人类文明也正是伴随着这些帝国的扩张，进一步交流、交融。

农耕文明之所以能够实现扩展根本在于农业生产技术的先进性。伴随着农业生产工具和技术的改进，农业生产效率持续得到提高，所生产的农产品日益丰富起来，并产生了一定剩余。部落中劳动分工加强，部落首领成为统治阶级，组织一部分或更多的社会劳动力从事农耕以外的活动，比如手工制造、金属开采和冶炼、建筑、开凿河渠、贸易、社会管理、宗教祭祀等，在较大范围内形成了有利于扩大再生产的社会秩序，通过部落联盟乃至国家加强对被统治阶级的支配，以强有力的统治将农耕生产方式向周边地区拓展。

3. 古代文明扩展如何对外扩展？

在公元前 1 千纪的末期，几个早期社会的内部结构达到了一定高度，它们的权威扩展到了非常广阔的地区，并且发展了极具影响力的文化传统。这些杰出的社会是在波斯、中国、印度和地中海沿岸发展起来的。它们的遗产源远流长，影响了几千万人的生活方式，历史学家称其为古典社会。

——［美］杰里·本特利、赫伯特齐格勒：
《新全球史：文明的传承与交流（第 5 版）》，
魏凤莲译，北京大学出版社 2014 年版，第 188 页。

对外扩张是人类文明发展的重要特征。在古代，由于自然地理环境的不同，各地区文明呈现出不同的扩展方式。

在西亚和北非的部分地区，因为存在比较发达的社会分工、相对较高的劳动生产率和复杂的社会组织和管理系统，统治者往往以自身领土为基础，通过武力征服，呈面状向四周扩展，形成面积广阔的大帝国，比如古巴比伦王国、亚述帝国就是代表。

而在黑海和地中海沿岸的部分地区，一方面因自身拥有先进的组织能力、工商业、航海技术和武器，同时又受限于自然地理环境，主要以殖民、移民的方式进行扩展，比如希腊。希腊在本土之外建立了分布广泛、数量众多的殖民地。这些殖民地一般都建立在海岸，呈现点状分布的特点；殖民城邦一般都沿袭自己国家的制度和习惯，但政治上是独立的，本国一般无权干涉。

线索三 古代世界的帝国与文明的交流影响

古代世界的帝国绝非横空出世，而是之前文明交流的结果。除了以武力征服的方式继承疆域外，还有对政治制度的继承与发展。自人类文明诞生初期，文明之间的交流就一直存在，文明之间联系的加强是农耕文明和帝国扩张的逻辑结果。

1. 古代世界的帝国对制度建设有哪些影响？

> “波斯帝国的形成，在某种意义上说，也是西亚和北非，东部地中海地区社会经济、政治、军事，乃至文化综合发展的产物，是这些地区经济、文化、军事、政治交流、联系不断发展和扩大的产物。同时，波斯帝国在客观上有为西亚和北非的经济文化交流提供了一个更为广阔的舞台。波斯人为了巩固自己的统治，也曾采取过若干有利于加强交流和联系的措施，从而使这种交流和联系达到一个更高的阶段。”
>
> ——吴于廑、齐世荣：《世界史·古代史篇》(上卷)，高等教育出版社 2011 年 1 月版，第 126 页。

波斯帝国是古代世界第一个地跨欧亚非三大洲的帝国，囊括了西亚和北非两大古代文明区。波斯帝国崛起的历史意义不仅仅在于疆域的拓展，更在于其改变了古代世界的政治格局。有人说大流士是“具有世界眼光的统治者”，其内涵就在于强调波斯帝国是人类历史上第一个具有世界意义的大帝国。

为了实现有效的国家治理，以大流士为代表的波斯国王在亚述帝国和古代埃及旧制度的基础上建立了中央集权的政治体制。强化君主专制是波斯制度建设的核心。为了强化对辽阔疆域的管理，在地方普遍推行行省制。各省设置总督、军事长官及收税官，分别掌握地方的行政、军事和财政等大权。地方长官由国王直接任命，部门之间权力相互制约、互不隶属。同时，国王还派遣“王之耳目”监督地方官员的活动。在中央集权的原则之下，予以地方一定的自治权力以巩固对社会发展程度参差和文化习俗迥异的广大地区的统治。明确各地应缴的税额，统一币制。建构了较为完整的中央集权的行政官僚体系和财政体系。一方面凸显波斯帝国的王权集中，另一方面也体现出其治域内经济的繁荣。

在制度建设的基础上，帝国有能力在内部不断完善水陆交通，为各地区的经济文化交流提供便利的条件。同时，伴随残酷武力征服的是波斯帝国对被征服地区的文化宽容政策，使波斯文化呈现多样性和兼容性的特征。波斯帝国的基本制度沿用至公元前4世纪末，这种治国方式也为后来的一些大帝国所继承和效仿。

2. 古代世界的帝国对文化发展有哪些影响？

“正是亚历山大东征开辟的东西方联系的渠道，促进了希腊文化因素与西亚、北非等东方文化因素不同程度的交融。所以，希腊化时代的文化终究已不是单纯希腊人文化的直接传承和向外移植，而是多少吸纳了东方因素在内的一种新型文化。”

——王斯德主编，沈坚、金志霖著：
《前工业文明与地域性历史——1500年以前的世界》，
华东师范大学出版社2001年版，第120页。

马其顿国王腓力二世与亚历山大父子二人历时十年，以武力的方式征服了希腊城邦、波斯帝国，又经过亚历山大东征建立了地跨欧亚非三洲的亚历山大帝国。亚历山大吸收了波斯帝国的制度，改造马其顿传统君主制，剔除其中的民主参与，加强君主专制；推行行省制度以控制地方；通过控制交通要道、农牧资源以掌握经济大权。并利用希腊—马其顿人的力量控制被征服地区，推广希腊文化，亚欧地区迎来了“希腊化时代”。

“希腊化时代”主要是指亚历山大东征后的3个世纪左右，古希腊文明和小亚细亚、叙利亚、美索不达米亚、埃及以及印度的古老文明相融合的进程。在这一进程中，在武力、殖民、移民等方式并举之下，希腊的生活方式、语言文化、哲学思想，以及各类技术传播到了亚洲内陆。又由于不同地区间经济往来规模的扩大和人员交流的频繁，不同文化的碰撞与相互融合、渗透也随之加深。希腊语成为希腊化世界的官方语言，古希腊文明中崇尚理性的传统和科学成就得以发扬光大，自然科学和建筑艺术尤为突出。

当然，希腊化既包含希腊文化传统自身在时间上的延续以及在空间上对非希腊世界的扩展，同时又是希腊文化广泛吸收外来文化养分以改造希腊文化、促进东西方文明深入交流的历史过程。

3. 古代世界的帝国对宗教传播有哪些影响？

早期基督教之所以能引起帝国最高统治者的关注并最终达成合作，其中一个重要原因是一批拉丁护教士的推动。他们的辩护，促使早期基督教逐渐渗透到了帝国的各个阶层，尤其是帝国的统治集团内部。此后，早期基督教的传播更多地依赖于帝国的政治权力。“新宗教的出现，必须依靠社会地位更高的阶层来发展信徒。”在罗马帝国统治者由上至下的推动下，早期基督教在罗马帝国的宗教地位得以巩固，传播面貌焕然一新。

——袁波、任丽丽：《早期基督教在罗马帝国的传播方式》，《世界宗教研究》2023 年第 8 期，第 87 页。

公元 1—2 世纪，罗马帝国出现了相对安定的局面，进入了被后世称为“罗马的和平”的历史时期。在这期间，社会政治的相对稳定、经济繁荣、文化交流，都有利于罗马帝国的发展。

也正是在这一时期，罗马帝国大一统的政治局面需要一种新的宗教。简而言之，虽然罗马人能用武力建立庞大的帝国，但是他们并没有自己独特的文化将被征服地区的各个民族和各种文化统一起来。基督教则恰好能承担起这一使命。

基督教在公元 1 世纪传入罗马世界时，信仰者起初多为居住在罗马帝国境内的犹太人。罗马帝国统治者曾对基督教徒进行过残酷的迫害。但是到了 3 世纪后，罗马帝国面临的经济与政治的双重危机，自身难保的罗马统治者们自然无暇迫害基督徒，于是基督教会就获得了长达 40 年的和平发展时期。在这段时间里，基督教会逐渐发展壮大，加入教会的人数迅速增长，基督教信仰开始向军队、政府和贵族阶层蔓延。经历了漫长的磨难之后，公元 392 年，狄奥多西一世宣布基督教为罗马帝国唯一合法的宗教，废除了其他所有宗教。基督教终于获得了合法地位甚至国教地位，极大地促进了基督教在更广阔的疆域的传播。

历史之音

1. 文明为何产生在“大河流域”？

凭借生产劳动获得食物，不是人们欣然主动的选择，只有食物短缺的压力，才迫使人们停止在流动中搜寻食物，转向脚下的土地，并在播种之后等待收获。

——韩茂莉：《大地中国》，文汇出版社 2023 年版，第 9 页。

世界农业的起源地主要集中在三个区域，分别是西亚和北非、中国以及墨西哥至南美安第斯山脉，相应的这三个区域也诞生了人类最早的文明古国。

谈到文明古国，追溯其发展我们往往会提到这三个区域都是靠近大河附近，充沛的水资源哺育了当地的人民进而发展出了最早的灌溉农业。然而如果我们结合地理气候来观察，可能会发现这三个区域都处于半湿润、半干旱地区，这些地区的降雨量其实并不是很多，并非植物生长的理想之地。

相反，在北纬40°以北从大西洋到乌拉尔山的广袤的区域里，气候宜人、雨水充沛、植物茂盛。但是有意思的是如此优越的气候并没有催生出世界农业起源的又一个中心，这里生活的人类也并没有像西亚和北非等地区的居民一样发展出绚烂的文明。相反，他们长期被称为“蛮族”。

为什么会有出现这样的现象，“老天爷赏饭吃”的区域为何没有产生出另一种绚烂的文明的？

正所谓“多难兴邦”，正是由于农业起源的三大区域的环境不是那么的优越，当地的物产难以满足人们的需要，所以他们无法仅仅依靠大自然的赏赐来生活，必须通过劳动和技术提升与发明创造来弥补天神的不足。所以他们最早探寻着种子的规律，拿起经过磨制的石器，一代一代的开始探索，最终通过播种，种植获得了稳定持续的收获。

而生活在北纬40°以北地区的人民，由于优越的地理环境，他们不用从事生产即可向老天讨生活。自然环境已经能够让他们过得舒舒服服的，何必要辛苦，何必要勤劳，更何必要创造呢？所以我们所熟悉的法国、德国和俄罗斯这些国家在历史上长期被其称为“蛮族”。

总之，农业的起源并非因为自然资源的优越，更多是被自然环境所逼迫的。

2. 为何古代世界的帝国往往“其兴也勃焉，其亡也忽焉”？

统治者建立了中央集权的帝国，在规模上要大大超过早期社会的先辈们。他们建造了复杂的官僚体系，在管理机构方面进行实验，努力确保中央政府的影响，并把帝国权威扩展到最遥远的边境。

——［美］杰里·本特利，赫伯特·齐格勒：《新全球史》，
北京大学出版社2007年版，第168页。

《辞海》的“帝国”条目作了如下定义：“通常指以皇帝为最高统治者的君主制国家”；“也指某些占有殖民地的帝国主义国家”。这固然是编撰者的认识，但是如果我们将这个定义置于世界古代史之中、置于教材中来看就会发现解释中存在着一定的问题。比如，古代波斯帝国、亚历山大帝国的最高统治者并不是皇

帝。那么没有皇帝怎么会有帝国呢?

结合《中外历史纲要(下)》第2课的三个帝国的特点，我们发现教科书中所谈到的“古代世界的帝国”可能并非像《辞海》所定义的那么简单。

首先，古代世界的帝国都是对外武力征服的结果。无论是波斯帝国，还是亚历山大帝国和之后的罗马帝国，无一不是通过常年的征战最终建立起帝国。

其次，古代世界的帝国的疆域广阔，横跨数洲。正是通过了长年的征战，这些帝国征服了广袤的地区，最终建立起了跨越数洲的超级大国，成为地域性大国。这些帝国的疆域无论是当时还是后世都是让人叹为观止的。

再次，古代世界的帝国中央采取君主专制，地方实行行省制，为了更好地管理领土广大的国土。这些帝国的管理方式都相较于之前的城邦国家有了跨越式的发展。在中央往往沿用君主专制制度，并且为了凸显君主的高贵，最高统治者的称号往往是至高无上，甚至宣言君权神授。在地方上，这些帝国通过设置行省制度来进行管理，并配备了比较完善的官僚体系和税收制度。

最后，古代世界的帝国往往“其兴也勃焉，其亡也忽焉”，教科书中所列举的波斯帝国、亚历山大帝国虽然曾经强盛一时，但最终都逃不过灭亡，灭亡以后再也无法恢复到原来的状态，甚至有些帝国就好比昙花一现，迅速分崩离析。之所以会出现这样的局面，与其军事征服的过程密切相关，帝国仅仅是靠武力临时捏合起来的，只是各民族和部落的简单联合体，未经交融，民族隔阂严重。罗马帝国能够长期存在，也与帝国发展过程中的民族交融与认同息息相关，罗马依靠军事征服的世界，逐渐通过民族认同与文化交融而巩固。

第二单元

中古时期的世界

第一部分　单元解析

课程标准要求

高中课程标准对本单元的教学要求阐述如下：

通过了解中古时期欧亚地区的不同国家、民族、宗教和社会变化，以及世界其他地区的社会状况，认识这一时期世界各区域文明的多元面貌。

单元主题解读

本单元的大标题“中古时期的世界”包含了“中古时期”和“世界”两个关键词。“中古时期”是对本单元的时间界定，其时间起止大致是从西罗马帝国灭亡至新航路开辟，即公元 5 世纪至 15 世纪。“世界”是对本单元的空间界定，全世界在空间上就涵盖了欧洲、亚洲、非洲与美洲。“中古时期”与“世界”从时空维度勾勒出 5 世纪至 15 世纪世界各区域文明的多元面貌。这一阶段，一方面，不同国家、民族、宗教和社会发生了巨大的变化；另一方面，各文明之间的局部交流和互动始终在进行之中。

在本单元的导言中，有两点表述值得关注。

一是“中古时期世界不同文明的发展和变化”。随着西罗马帝国的灭亡，西欧进入封建社会，封君封臣制度、庄园与农奴制度成为西欧中古时期的基本特征。在东欧，拜占庭帝国继承了罗马帝国古典文化的遗产，编订的《罗马民法大全》呈现出与西欧截然不同的发展特点。俄罗斯逐步兴起，到 17 世纪末已经形成地跨欧亚两洲的大帝国。非洲和美洲或在外来影响下或独立发展起自己的文明：东非沿海出现了一批国家；西非先后出现加纳、马里和桑海等帝国；美洲的阿兹特克人和印加人分别建立了范围比较广大的国家，成为世界文明的重要组成部分。

二是“世界各区域文明的多元面貌”。中古时期的文明仍以农业经济为基础，小农经济自给自足的特性决定了各文明区域仍然基本独立发展，呈现出多元并存的状态。即使在文明历史悠久、联系相对密切的亚欧大陆上，各个地区的文明仍保持着鲜明的地区特色。

单元内容结构

本单元包括 3 课，分别是第 3 课“中古时期的欧洲”、第 4 课“中古时期的亚洲”、第 5 课“古代非洲与美洲”，介绍了中古时期欧洲、亚洲、非洲与美洲等人类主要文明区域的历史发展。

在本单元这 3 课所介绍的文明中，欧亚大陆是古代农耕文明的中心区域，欧洲和亚洲文明各有自己的特点。西欧是欧洲古代史的重心，同时又要注意罗马古典文化对拜占庭帝国的影响以及拜占庭文化对俄罗斯的影响。在亚洲，阿拉伯文明成为连接欧亚大陆文化的重要文明，同时也深刻影响了中古南亚的印度。东亚的日本和朝鲜则深受中华文明的影响。非洲和美洲相对孤立，但非洲也受到了阿拉伯文明的影响，而美洲则独立发展起自己的文明。本单元的 3 课，既呈现了各个地区内部纵向的发展与变化，又建构了不同文明之间横向的比较与联系。

核心素养水平建议

（1）能够借助时间轴、文明发展进程示意图等，在一定的历史时空框架下把握不同地区历史发展的特点，了解不同区域文明各自的发展和变化，理解中古世界的多元面貌。

（2）能够通过各种类型的史料了解中古时期不同区域文明发展变化的史实，理解这一时期各主要文明发展的多样性。

（3）能够结合地理环境和历史条件，合理解释各主要区域文明发展的差异，并客观认识不同文明的贡献。

（4）能够运用“生产力与生产关系”的相关理论，分析和理解西欧封建社会的发展演变，揭示其内在机理。

（5）能够通过分析拜占庭文化和阿拉伯文化所发挥的桥梁作用，认识到不同文明之间的交流促进了人类文明的发展。

第二部分　教材比较

与初中课程标准、教材比较

《中外历史纲要（下）》第二单元文本内容是《世界历史第一册》中的第三单元“封建时代的欧洲”及第四单元“封建时代的亚洲国家”的延伸，两者既有共性又有差异。

1. 课程标准相关内容表述

课程标准相关内容表述对比见表2－1。

表2－1　课程标准相关内容表述对比（第二单元）

初中课程标准	高中课程标准
1. 通过封君封臣制度、庄园生活、基督教的传播，以及欧洲城市和大学的兴起，了解中世纪西欧封建社会的发展变化； 2. 知道《查士丁尼法典》，初步了解拜占庭帝国的历史地位； 3. 通过伊斯兰教的创立、阿拉伯帝国的崛起、日本大化改新，以及非洲、美洲的社会发展概况，初步了解中古世界的历史发展的多样性	通过了解中古时期欧亚地区的不同国家、民族、宗教和社会变化，以及世界其他地区的社会状况，认识这一时期世界各区域文明的多元面貌

初中课程标准在认识了解西欧封建社会的发展变化、拜占庭帝国的历史地位、中古世界发展的多样性等方面给予了明确的要求。相较于初中课程标准，高中课程标准要求的是认识欧亚地区不同国家文明的多元面貌。

2. 教材相关单元、课、目编排

教材相关单元、课、目编排对比见表2－2。

表 2-2　教材相关单元、课、目编排对比（第二单元）

<table>
<tr><th colspan="2">《世界历史第一册》</th><th colspan="2">《中外历史纲要（下）》</th></tr>
<tr><td colspan="2">第三单元　封建时代的欧洲
第四单元　封建时代的亚洲国家</td><td colspan="2">第二单元　中古时期的世界</td></tr>
<tr><td rowspan="4">第 7 课
基督教的兴起和法兰克王国</td><td>基督教的兴起</td><td rowspan="13">第 3 课
中古时期的欧洲</td><td>中古西欧的王权、城市与教会</td></tr>
<tr><td>法兰克王国</td><td rowspan="5">西欧封建社会</td></tr>
<tr><td>封君与封臣</td></tr>
<tr><td>查理曼帝国</td></tr>
<tr><td rowspan="2">第 8 课
西欧庄园</td><td>庄园的领主与佃户</td></tr>
<tr><td>庄园法庭</td></tr>
<tr><td rowspan="3">第 9 课
中世纪城市和大学的兴起</td><td>自由和自治的城市</td><td rowspan="5">中古西欧的王权、城市与教会</td></tr>
<tr><td>城市居民的身份</td></tr>
<tr><td>大学的兴起</td></tr>
<tr><td rowspan="2">第 13 课
西欧经济和社会的发展</td><td>新的生产和经营方式</td></tr>
<tr><td>富裕农民和市民阶层</td></tr>
<tr><td rowspan="2">第 10 课
拜占庭帝国和《查士丁尼法典》</td><td>查士丁尼及《查士丁尼法典》</td><td rowspan="2">拜占庭与俄罗斯</td></tr>
<tr><td>拜占庭帝国的灭亡</td></tr>
<tr><td rowspan="3">第 11 课
古代日本</td><td>6 世纪前的日本</td><td rowspan="3">第 4 课
中古时期的亚洲</td><td rowspan="2">南亚与东亚的国家</td></tr>
<tr><td>大化改新</td></tr>
<tr><td>幕府统治</td><td>奥斯曼帝国的兴起</td></tr>
<tr><td rowspan="3">第 12 课
阿拉伯帝国</td><td>穆罕默德创立伊斯兰教</td><td rowspan="3">第 4 课
中古时期的亚洲</td><td rowspan="3">阿拉伯帝国</td></tr>
<tr><td>阿拉伯帝国</td></tr>
<tr><td>阿拉伯文化</td></tr>
<tr><td rowspan="2"></td><td rowspan="2"></td><td rowspan="2">第 5 课
古代非洲与美洲</td><td>古代非洲文明</td></tr>
<tr><td>古代美洲文明</td></tr>
</table>

◆ 从内容编排看，《世界历史第一册》第三单元“封建时代的欧洲”和第四单元“封建时代的亚洲国家”一共 6 课时。第三单元聚焦西欧封建社会的发展

变化，第四单元聚焦同时期亚洲国家的历史。《中外历史纲要（下）》第二单元“中古时期的世界”共 3 课时，单元主题着重呈现欧亚地区乃至非洲与美洲等不同地区、各种领域的社会发展状况，展现世界各区域文明的多元面貌。

◆ 就知识点而言，《中外历史纲要（下）》第二单元相较于《世界历史第一册》第三、四单元新增知识点大致有中古西欧的王权、俄罗斯的发展、奥斯曼帝国的兴起、中古时期的印度和朝鲜、古代非洲和美洲文明等。《中国历史第二册》第三单元中法兰克王国、查理曼帝国等相关内容在《中外历史纲要（下）》第二单元则不再重复出现。

◆ 从行文表述上看，需要特别指出下列方面。

关于这段历史的阶段性划分，初中教材使用的是人们耳熟能详的“中世纪”。《世界历史第一册》第三单元的单元导言中指出“西罗马帝国灭亡后，西欧逐渐进入封建社会，欧洲人称之为中世纪”。《中外历史纲要（下）》第二单元导语明确指出，“5—15 世纪一般称为中古时期”，高中教材用了更加精确的历史学专有名词来表述这一历史时期。

与华师大版高中教材比较

《中外历史纲要（下）》第二单元中古时期的世界与华师大版《高中历史第一分册》第二单元古代美洲与黑非洲、第四单元古代伊斯兰世界、第五单元中世纪西欧有关联，《中外历史纲要（下）》新增了东欧的拜占庭帝国与俄罗斯以及亚洲不同国家发展的基本史实。

◆ 从内容编排看，华师大版《高中历史第一分册》相关单元按照文明形态编排，有美洲印第安文明、古代黑非洲文明、阿拉伯伊斯兰文明、基督教文明。《中外历史纲要（下）》第二单元则按照空间区域划分，即分为欧洲、亚洲、非洲与美洲。《中外历史纲要（下）》内容编排更紧凑，主要呈现两条线索：从横向空间上看，中古时期世界各区域有不同的文明类型，如欧洲的西欧文明和拜占庭文明，亚洲的伊斯兰文明和儒家文明，美洲大陆的印第安文明等；从纵向时间上看，这一阶段上承古代文明，下启全球联系的建立。这部分内容既是对上一单元的继承，也为下一单元做铺垫。

◆ 就知识点而言，《中外历史纲要（下）》第二单元与华师大版《高中历史第一分册》相关联的 3 个单元相比，新增知识点大致有拜占庭的繁荣与衰败、俄罗斯的崛起、笈多帝国、德里苏丹国、大化改新、幕府统治、朝鲜的兴替、西非文明等。华师大版《高中历史第一分册》中有关封建制因素、采邑改革、等级君主制、王权与教权演变、经院哲学、市民文学、阿拉伯伊斯兰文化等相关内容在《中外历史纲要（下）》第二单元中没有涉及。

◆ 从行文表述看，需要特别指出下列方面。

华师大版《高中历史第一分册》对于庄园的性质采用了如下表述："庄园是西欧中世纪农村基本的经济和社会组织"。《中外历史纲要（下）》的表述为："庄园是中古西欧基本的农业经济组织"。教材仅强调了庄园的经济特征，而其作为中古时期的基层单位所承担基层治理的社会职能则放在了选择性必修 1 教材第 18 课中阐述。

关于奥斯曼帝国统治的影响，华师大版《高中历史第一分册》侧重强调奥斯曼帝国的崛起对亚、非、欧三洲交汇地区社会发展进程的影响，如巴尔干地区成为日后不稳定因素的历史由来，又如奥斯曼帝国对亚欧商路的控制迫使欧洲人开辟通往东方的新航路。《中外历史纲要（下）》则侧重于强调帝国的首都伊斯坦布尔成为东西方经济文化交流中心，以及由于帝国控制亚欧商路对东西方之间的贸易产生了影响。

第三部分　核心问题释读

线索一　黑暗时代不"黑暗"——西欧中古历史特征

谈到中古时期，特别是"中世纪"的时候，出现在人们脑海中的往往是"黑暗"这个词。传统的史学观点认为中世纪是"黑暗时代"。之前的一些教材还设有专门的活动课，探讨"黑暗"的西欧中世纪。那么中世纪真的那么"黑暗"吗？

1. 为什么说中世纪是"黑暗"的？

公元 370 年，原来生活在亚洲的匈奴人越过伏尔加河西迁，引起了一系列连锁反应。匈奴人先后击败了东哥特人和西哥特人，他们被迫往西逃或往南逃，进入罗马帝国境内。这些人同之前的汪达尔人、法兰克人、盎克鲁撒克逊人都属于日耳曼民族，就此一场日耳曼民族大迁徙由此拉开序幕。

这些民族被罗马人称作“蛮族”，在罗马人看来他们是没有文化的，所以给他们起了这样的名字。最终蛮族入侵导致了西罗马帝国的崩溃。公元 476 年，西罗马帝国最后一任皇帝罗穆罗斯·奥古斯都被废黜，西罗马帝国灭亡，世界古代史结束。

公元 476 年，本已日益衰弱的西罗马帝国在蛮族的打击下最终崩溃了，西方在经历了古希腊、古罗马的辉煌之后进入了另一个历史空间。随着西罗马帝国终结的不仅是它的帝国统治，还有它整齐的城市、宏伟的宫殿、灿烂的艺术、睿智的思想以及系统的法律。从此之后直到地理大发现的时代被历史学家称之为“中世纪”，这个时代从公元 500 年开始到 1500 年结束，大约一千年的光阴！那么，什么是“蛮族”呢？通俗地说，就是那些没受过教化的、不知礼数的甚至不识字的日耳曼人、斯拉夫人。这些人成了这一千年西方历史舞台上的主角。中世纪结束后，人们把自己的这段历史称为“黑暗的中世纪”。“黑暗”就意味着无知、愚昧和恐怖。这就是过去几个世纪西方人对那段历史的看法。但是，中世纪果真那么黑暗，那么可怕，那么不堪回首吗？这只有认真地回顾这段历史才能找到答案。

——徐滨：《中世纪真的黑暗吗》，《历史教学》2007 年第 2 期，第 55 页。

◆ **自给自足的庄园经济。**

日耳曼人在西罗马帝国的故地上建立起了一个个大小王国，比如东哥特、西哥特，或者像法兰克等所谓的蛮族国家。他们在西欧疯狂地占领土地，而且占领土地之后，日耳曼人对于国王没有太多的义务需要承担，得到土地的日耳曼贵族便在西欧土地上建立起大大小小的庄园。

典型庄园的耕地大致可以分成三个部分，即领主自营地、农奴份地和自由农民份地。领主自营地主要由农奴耕种，农奴从领主处领取份地，每周要为领主免费劳动若干天，收成全部归领主。不过为领主劳动时，农奴可能获得领主提供的饭食。农奴各自的份地由农奴自行耕作，收成归农奴；此外，庄园内还有公共牧场、草场、池塘和林地，供全体居民使用。

农民因连年兵役和其他原因，无法独立生存，被迫把自己的人身托付于领主，寻求领主的保护与帮助。作为代价，原本自由的农民成了领主的依附者，需要终身投靠在领主的保护之下，而且不得解除契约。自由农民的农奴化是封建化的重要表现。

立字人某某，谨致崇高庄严之某某大人阁下：

如众所周知，我因衣食缺乏，无以为生，请求大人本笃信上帝之虔诚，与慈爱为怀之善心，准许我委身于大人监护之下，我已如此作了。以后您必须供给我衣食，予我以帮助与救济，我将尽我的力量为您服务，不负您的援救与保护。

——周一良、吴于廑总主编，郭守田主编：《世界通史资料选编辑·中古部分》，商务印书馆 1991 年版，第 29 页。

农奴顾名思义源自奴隶，有些是由罗马大庄园中的奴隶转化而来，还有些日耳曼人在破产后也沦落为农奴。还有一些自由农民意识到土地面临被兼并的危险，于是把自己的土地托付给当地的领主以获得其保护，然后再进行耕种。但这时土地已经不再属于他自己，自由农民只能终身使用或占有，同时他还要为大领主负担义务，来获得领主的政治保护。各级领主都是土地实际的掌握者，享有土地上的各种权力。

农奴没有人身自由，在法律上他们是依附于主人的，不能随意离开自己的主人。农奴的负担十分沉重，除劳役地租外，还要缴纳一定的实物地租，许多地方上交的地租大约相当于谷物收成的 1/10。到 12、13 世纪，因为商品经济的发展，西欧封建地租发生了变化，在一些地区实物地租逐渐演变为货币地租，这些都是庄园主利用土地及其支配的农奴人身自由而进行的剥削。

赋税也属于徭役类，初期是实物的，也就是农产品（粮食和葡萄，或者是已经加工好的面粉、面包和啤酒）。还有一部分牲畜和畜牧业的产品，一般是鸡、蛋，也有猪或者是仔猪，牛或者是羊，年年更替。……不仅要交实物租，而且还要交货币租，货币租也可以用实物租的形式交纳。在那些不值得经营自营地的地区，或者是个人需要自由佃农的地方，更愿意收取货币地租。中世纪中期、实物租和徭役逐渐地被货币租取代，一些领地成为一种纯租金形式的农庄，农民必须在当地的市场上出售自己的产品，用货币交租。

持有农庄要交纳固定的租金，除此之外，农民使用领地内的一些设施，也要交纳租金。例如，使用猪饲料，在领主的林中伐木，或者是使用磨房、烘烤房。用领主的公猪配种也要交费。自由人要交防御金以代替服兵役，要提供一匹马用于战争或者信差。有的人要交人头税（一般是四个德纳尔）。最后，依附农办婚事和丧事时还要交纳特别金，领主往往征收的是牲畜（最后的一头）。在危急时期，领主要征收特别税。农民不仅要向领主交纳赋税，而且还要向教会交纳什一税，（后来）向主持法庭的领主交纳司法监护金。当然，也并不是所有的农庄都要交纳所有的这些赋税，但这也足以说明了农民的负担有多重，多繁杂。

——［德］汉斯-维尔纳·格茨：《欧洲中世纪生活》，王亚平译，东方出版社2002年版，第173—174页。

庄园经济的最大特点是自给自足。庄园拥有绝大多数农具和牲畜，一切经济活动主要是为了满足本庄园领主、劳动者的日常消费和人口再生产的需要。庄园几乎可以生产自身所需的一切物品，除了盐、铁等少数物资须由外地输入外，一般不从外面购买物品，基本上是一个自给自足的经济实体。庄园之外则是森林草地，人口稀少，茂密的森林将一个一个庄园分割开来，庄园之间交通不便，强盗出没，农民很少离开庄园，一切生老病死基本都围绕着庄园。自给自足则意味着整个社会处于相对隔绝的状态之中，整个社会接近于一盘散沙。

◆ **封建制度中的分裂割据**。

公元476年，西罗马帝国灭亡，日耳曼人入侵夺取了罗马人的土地，并把大片土地分封给了自己的亲兵。国王为保证兵源，将土地分封给大封建主，要求他们按照土地规模提供相应数量的兵员。大封建主也依照这一模式，把土地封给自己的属下，授予土地者为封君，接受土地者为封臣。虽然日耳曼人建立起过一系列的国家，然而当历史进入8世纪，横扫欧洲的阿拉伯帝国军队直逼巴黎。在这危难时刻，法兰克宫相查理·马特率领泛法兰克军队在普瓦提埃战役中大战阿拉伯帝国。查理·马特因这场战役的胜利获得马特（铁锤）的称号。普瓦提埃战役是改变欧洲命运的决定性战役，阿拉伯人向西不断推进的步伐就此终结。这场战役被后世称为决定西方命运的战役。

查理·马特之所以能抵挡住强大的阿拉伯帝国的一个重要原因就是他有一支更强大的骑兵。法兰克国家以往的旧军制是全体自由民成年男子皆为兵的募兵方式，然而现在这种方式已经不能满足新形势下的战争需要，传统步兵为主力的作战方式也已经无法持续打败强大的阿拉伯骑兵。但是装备一个骑兵是很贵的，8世纪，装备一名骑士，包括头盔、铠甲、盾牌、剑、长矛、战马等，大约相当于23头公牛的价格。建立骑士军队需要大量财物支持，而当时的法兰克王国并没有那么多钱。

在此局势下，公元715年，查理·马特推动了以采邑为依托的军事改革。前面我们提到过日耳曼人占领土地之后，只要和国王汇报一声即可，没有太多的义务需要承担。查理·马特推动的“采邑改革”则改变了这种情况。

采邑改革前是无条件赐予土地，改革后是有条件的赐予。上级领主将土地和权力赐予受封者，而受封者应该对封军履行忠诚、服从，并提供军事服务。

封君封臣制度的建立需要履行一套特定的仪式。9世纪封臣的效忠誓词如下：

我……效忠我的主人，爱其所爱，仇其所仇。主人凡践履协约，因我委身投附而善待于我，赐我以应得，则我的一言一行，一举一动，必将以他的意志为准则，绝无违背。

——［美］约翰·巴克勒等：《西方社会史》第一卷，霍文利等译，广西师范大学出版社2005年版，第373—374页。

封君和封臣之间有相互依存的关系，封君要善待封臣，在必要时提供帮助；封臣要效忠封君并履行自己的义务，主要是服兵役。双方订立契约，富有浓厚的宗教意味，受封者以上帝的名义起誓，而且依从上帝的法则。契约一经缔结无论封臣还是封君都不能随意解除，双方都应向对方承担必要的义务，否则会受到谴责。封君封臣制度有利于维系和协调封建主阶级内部的关系、维系地方封建统治秩序；有利于封建农奴制的推行，促进西欧封建经济的发展。

分封土地吸引了更多的追随者，密切了政治与军事的关系，增强了军队的实力。但在后期也加剧了离心力。

在这民生凋敝、暴力肆虐、劫掠横行的时代，地方的力量就是最有效的力量……地方自治虽然并不意味着王权的丧失，但却意味着国王“声称”拥有的权力通常比他实际拥有的权力更大。

——［美］朱迪斯·M. 本内特：《欧洲中世纪史》，杨宁、李韵译，上海社会科学院出版社2007年版，第56页。

一方面，有条件的封建主也层层分封土地，由此逐渐形成严格的等级制度；另一方面，从中世纪欧洲流行的谚语“我的附庸的附庸不是我的附庸”这句话中反映出这样一种理念——任何没有直接签订契约的人之间不存在直接的权利或义务关系，因此国王仅仅是名义上的全国最高土地拥有者，实际权力有限。封建领主在各自的领地内能独立行使行政权和司法权，政治上出现了不同程度的分裂割据局面。

查理·马特的孙子查理大帝正是凭借着采邑改革后的强大骑兵，征服了西欧半数以上的土地，法兰克王国发展到顶峰。公元 800 年的圣诞节，教皇利奥三世在罗马把一顶皇冠戴在查理曼的头上，宣布查理曼为罗马人的皇帝。查理大帝将亚琛作为法兰克王国的首都，但是和中国的皇帝坐镇京城不同，查理大帝在位期间的绝大部分时间都是在其王国内进行巡视，11 世纪前的西欧王权可以简要概括为“巡食王权”。国王通过定期或者不断地巡视领地来进行治理和统治。

> “巡食王权”的出现有其客观性与必然性。一方面是早期建立的蛮族国家首领不适应城市的生活……另一方面也是经济压力的驱使……为了维持所谓的政府机构，国王需要不断地从自己的一个庄园转移到另一个庄园，因为一个庄园的物资供应无法满足王室长时间的消耗……在 11 世纪之前，欧洲各国的行政制度都非常不完善，一个不“巡食”的国王无法有效地管理自己的国家。地方上的芸芸众生只有看到自己的国君，才能够确信他究竟是谁的臣民。
>
> ——陈日华：《欧洲文明进程·地方自治卷》，商务印书馆。

这种“巡食王权”反映了当时国王的权力是有限的。国王靠自己收入生活，这说明国王没有全国性的税收。国王需要让臣民认识自己，让自己认识臣民，说明国王与臣民之间缺乏一个联系。统一半个欧洲的查理大帝尚且如此，更不用说之后的国王了。

采邑改革后形成封建贵族的等级制度。大大小小的封建主们也把自己的土地作为采邑并逐层封赐给自己的下属，形成以国王为首的金字塔式的封建等级制度。采邑改革成了查理·马特尔加强政治和军事力量的有效工具，然而采邑制本身潜伏着一种和中央离心的力量。这是他当初没有想到的。

公元 843 年，查理大帝去世后法兰克王国被一分为三，其中的西法兰克王国也就是后来的法兰西，在加佩王朝初期处于四分五裂的割据状态。国王名义上是最高统治者，实际只能管辖自己的狭长领地——所谓“法兰西岛”，总面积不过 3 万平方千米。即使在这块直辖领地上，隶属于他的小领主也不服从国王，甚至还敢与国王作对。当时法国的大小公国、伯国有几十个，如佛兰德尔伯国、诺曼底公国、安茹伯国、勃艮第公国、布列塔尼公国、土鲁斯伯国等。各大领主在政治上、经济上都是独立的，名义上是国王的附庸，实际上并不向国王尽任何义务，甚至还向国王挑战。国王没有固定的宫殿，经常带着随从在各个领地间流动，潦倒的国王还会去拦路抢劫。

◆ **教权统治下的蒙昧社会。**

尽管王权微弱，但还得以维系，主要因为国王的地位得到教会的认可。

中古时期的教会成为维系新旧社会、蛮族和非蛮族乃至整个西欧的纽带。在当时，几乎每个庄园和城镇的教堂都在非常显眼的位置。在经济上教会拥有广袤的土地和庄园（很多主教是大封建主），是最大的有组织的力量，与之相对的是国王只是名义上的最高统治者。所以在很长一段时间里教权是凌驾于世俗权力之上的。

对于当时的老百姓来讲，他们可以来自不同国家，但是却都信基督教。正因为如此，中古时期的教会掌控了从思想到社会管理的权力。教会的专家皓首穷经，埋头于对上帝和上帝的言论的研究中。西欧民间的生老病死，婚丧嫁娶各个环节都能看到教会的身影，教权甚至凌驾于世俗王权之上。

西欧中世纪前期社会结构相对简单，社会群体的划分也不复杂。盎格鲁—撒克逊时代的修道士艾尔弗里克（约 955—1020）把当时的社会划分为三个群体，分别为“劳作的人”“祈祷的人”“作战的人”。

这样的群体划分理论关注了不同社会群体承担的社会职责，认为一个完整而和谐社会的运转依赖于不同社会群体之间相互提供为生存所必需的支援。但是这一社会构建未能深入社会结构的里层，进而发现三个社会群体之间的矛盾和冲突。当时城市中的商人和手工业者实力依然弱小，这表明城市经济在 11 世纪尚未强大到足以改变社会结构。

而正是差不多从 10—11 世纪起，光明开始照进了“黑暗”的中世纪。

2. 为什么黑暗时代不“黑暗”？

从公元 11 世纪开始，西欧社会在经历了长期的战乱和动荡之后，在经济、政治和文化等方面得到初步的恢复。与人们的日常生活密切相关的大量手工业者和商人，在商品生产和经营活动中，由商品生产和销售所必需的自由和平等意识，逐渐成为他们主要的思想观念。为了能使商品生产和经营活动正常、有序地进行，这些手工业者和商人们开始按照各自所从事的行业，建立起他们自己的行会，实行自我管理。于是，这样的自治性的城市，在欧洲如雨后春笋般地拔地而起。可以说，这些共同拥有城市的工商业者，就是第一批现代意义上的市民。

——缪榕楠：《从辉煌到衰微——中世纪大学教师职业安全的历史考察》，《河北师范大学学报（教育科学版）》，2009 年第 11 期，第 64—69 页。

◆ **城市孕育着新气象**。

10 世纪开始，西欧进入一个相对稳定和平的时期。在这个时期里，一场农业革命在西欧如火如荼地展开了。新型的生产技术推动了生产力的发展。生产力的发展提高了农产品的产量，自给自足之外出现了剩余产品。这些剩余产品被用来交换手工业产品，促进了商品经济的发展。

一些手工业者和商人出于经济活动的需要聚居于交通便利之处，城市再度在欧洲广泛出现。城市最初兴起就是作为商业中心出现的，在日后商业化发展的过程中，严重冲击了封建制度的经济基础即庄园经济，推动了资本主义经济的萌芽与发展。

西欧城市兴起最快的地区主要在意大利北部地区，法兰西南部和北海南部沿岸地区。中世纪的城市规模相当有限，而且城市设施非常落后，环境极其肮脏。虽然城市很小很脏，但是城市里机会多，需要大量廉价的手工业者和劳动力，各种各样的人都涌进城市。城市复兴之后，在城市中出现了一个地位平等的新的等级——市民阶层。随着城市经济的发展，劳动者阶层中新的成员市民力量逐渐增强，地位不断提高。

从 11 世纪开始，城市成为中世纪欧洲封建汪洋中的一个个有独立意志的自由之岛，成为资本主义这只布谷鸟下蛋和孵化的暖巢，而最终，也将成为欧洲封建制度的掘墓人。

◆ **新气象中的政治变局**。

城市的土地属于封建领主，自然要受到他的管理。封建领主可以同意建造城市，可以参与城市复兴，这一切都基于他们想把城市作为自己永久的“聚宝盆”，希望城市不断为他们赚取经济利益。当城市的这些利益同领主的如意算盘发生激烈碰撞时，冲突发生了，市民要夺取城市司法权和行政权，市民阶层要取得自治。

在城市与领主斗争的过程中，国王也开始加入其中。当城市向国王寻求保护和支持，对抗封建领主之时。国王毫不犹豫地向城市颁布授予特许状，允许城市进行自治，并且指派官员同市民代表一同管理城市，希望借此争取城市对于王权的支持。作为回报，城市向国王提供大量的金钱。国王正好利用这笔钱来雇佣军队，征讨地方割据势力并加强中央集权。

法王路易七世（1131—1180 年在位）曾先后向城市颁发了 25 份自治特许状，以争取城市对王权的支持。路易九世执政期间，为加强中央集权，削弱地方割据势力，实施了一系列司法、财政和军事改革。腓力四世在与罗马教廷的斗争中占据上风，成功迫使天主教士纳税。1302 年 4 月，腓力四世为了争取社会各阶层的广泛支持，加强自身地位，在巴黎圣母院召开了法国历史上第一次“三级会议”。

——［美］朱迪斯·M. 本内特：《欧洲中世纪史》，杨宁、李韵译，上海社会科学院出版社 2007 年版，第 183 页。

以国王为代表的中央集权势力与新兴的市民阶层在共同利益驱使下，共同携手打破封建割据局面。市民与王权的结盟使西欧各国的王权呈现出加强之势，王权的强化为民族国家的发展奠定了基础。

◆ **变革中的文化发展。**

城市复兴后，由于手工业和商业的发展以及城市反对领主的斗争，迫切需要计算、文法等掌握各方面知识的人才，原有的教会学校已经远不能满足社会发展的需要，于是一些城市的手工业行会和商人行会自发地创办了世俗学校，打破教会几百年来对教育的垄断。法国巴黎大学、英国牛津大学和剑桥大学等都是当时影响较大且具有代表性的大学，大学的兴起带来一定程度的思想解放，也冲击了教会对人性的控制与束缚。

普遍兴起和发展的城市，日益频繁的国际贸易和交往，在客观上促进了欧洲文化的发展。到了公元 12 世纪，人们感兴趣的知识领域已经突破早期中世纪的“七艺”界线。尽管当时的社会文化主流是基督教的神学文化，但是，随着当时欧洲自由城市的大量涌现，以及城市工商业的迅速发展，涉及广泛民众日常生活和生产的知识，自然成为当时社会所迫切需要的东西。于是，在主流的神学文化的背景下，数学、物理学、化学、天文学、地理学、医学、生物学等自然科学的理论和实验，有了长足的发展和进步。正如英国科学史家丹皮尔所说：“在科学历史学家的眼中，中世纪是现代的摇篮。”

——周德海：《中世纪大学：欧洲“黑暗时代”的一盏明灯》，《浙江万里学院学报》第 27 卷第 6 期，第 40 页。

正是 10 世纪之后在各方面所发生的变化，为“黑暗”的中世纪不断注入新的光明，促使欧洲政治、经济和文化各方面开始逐渐恢复发展。西欧的实力正在不断积累中，当时机最终到来时，它将改变这个世界，建立起一个由欧洲主导的新世界。

线索二　多元文化交汇的中古亚洲文明

中古时期，起源于西亚地区的伊斯兰教异军突起，发展迅速，最终建立起了强大的阿拉伯帝国，进而成为沟通东西方的重要桥梁，在东西方文化的交流中形成了独具特色的伊斯兰文明。而以中国文化为中心的东亚文明伴随着中国王朝的强大，从制度到思想、文化，对周边国家产生了深远的影响。

1. 为什么阿拉伯帝国能成为东西方文化桥梁?

阿拉伯或伊斯兰国家的兴起，是世界历史上划时代的重大事件，它改变和丰富了迄今以前世界历史文化传统内容，以一个独具特色而影响深远的伊斯兰世界构成世界历史的一个新的重要组成部分。

——朱寰主编：《世界上古中古史（下册）》，高等教育出版社 1997 年版，第 151 页。

就地理位置而言，阿拉伯帝国东起印度河和帕米尔高原，西至大西洋的比斯开湾，南自尼罗河下游，北达里海和咸海南缘，是当时世界上领域最大的帝国，其地理位置恰好处于世界的中心。

就经济而言，与古代中国重农抑商不同，早在伊斯兰教创立时期，穆罕默德就认为“商人是世界的信使和安拉在大地上的忠实奴仆”。《古兰经》也明确规定鼓励和保护商业是所有穆斯林必备的义务和道德。

从宗教上来说，阿拉伯帝国是政教合一的国家，虽然伊斯兰教是其主导思想，但它对科学文化的态度是宽容的。早在伊斯兰教创立和传播的过程，阿拉伯人就意识到向外扩张不仅需要武力，也需要文化。当时的阿拉伯人唯独缺少文化，所以只有去利用别人的文化成果。另外从伊斯兰教最基本的信条提到“除独一的安拉外，别无主宰”。既然一切都属于独一的安拉，那么文化当然不能非它别属，也就不应该有国别和民族之分，任何人都可以利用。

如果将这些与西欧同期的基督教、同期印度的佛教和印度教相比，伊斯兰教对文化的态度有着十分明显的积极性。所以，阿拉伯文化既兼容了帝国境内各民族的文化，也吸收了希腊、罗马、拜占庭、印度及中国的文化，博采众长，融合而成。

阿拉伯帝国的优势：地理位置优越，善于吸收东西方优秀文化，加以融合创新，有着深厚的文化积淀；政局稳定，国家统一，经济繁荣；统治者重视并广泛吸收文化，对待文化包容开放。公元 830 年，哈里发在巴格达设立“智慧宫”，集科学院、图书馆、翻译馆于一体。为延揽翻译人才，哈里发以黄金支付稿酬，其重量与译著重量相等。于是，大量的希腊、波斯、印度的典籍被译为阿拉伯文。阿拉伯人的文化是在吸收东西方文化成就的基础上创造的。他们注重学习不同地区的文化成就，翻译了大量希腊、罗马、波斯、埃及和印度等古代文明的经典文献，亚里士多德的哲学在阿拉伯帝国一度相当流行。阿拉伯人将不同地区的文化成就融会贯通，形成自己独特的文化。

阿拉伯人的医学吸收了印度、波斯等地的成就，在地理学和历史学方面则继承了希腊和波斯的传统。古代埃及、波斯、阿拉伯、印度和欧洲等地的一些民间故事，被阿拉伯人接受和融合后成为世界著名的文学作品——《一千零一夜》。在自然科学方面，阿拉伯人取得的巨大成就更是引人注目。数学上，最著名的数学家是穆罕默德·伊本·穆萨，著有《代数学》等著作，在几何学、三角学等方面取得显著成果。在天文学上，在巴格达和大马士革都设有当时世界最先进的天文台，著名天文学家白塔尼经过长期的观测，测得地球远日点的运动，把一年定为 365 天 5 小时 46 分 24 秒。

阿拉伯—伊斯兰文化促进了西欧文艺复兴运动的兴起，奠定了欧洲近代人文科学和自然科学的基础。希提指出：“在八世纪中叶到十三世纪初这一时期，说阿拉伯语的人民，是全世界文化和文明的火炬主要的举起者。古代科学和哲学的重新发现，修订增补，承先启后，这些工作，都要归功于他们，有了他们的努力，西欧的文艺复兴才有可能。”

——［美］希提：《阿拉伯通史》，马坚译，
商务印书馆 1979 年版，第 203 页。

经过长期的努力，阿拉伯帝国境内的希腊文化、波斯文化、印度文化和阿拉伯文化等传统文化逐渐融合起来，形成一种崭新的阿拉伯文化。他们还把这些文化传播到世界各地，阿拉伯人伊本·西那的医学著作《医典》传入欧洲后，长期是西方大学的医学教材，仅在 15 世纪最后 30 年中就重印 15 次；《一千零一夜》的许多故事也通过阿拉伯人传入中国，在中国广为流传；而传到西欧的文化也使当地人重新认识了希腊罗马古典文化，为欧洲古典文化的复兴和文明发展起到了二传手的作用。

2. 日本和朝鲜是如何接受中国辐射的？

自古以来，中华文明凭借先进的制度与思想不断辐射周边东亚国家。伴随隋唐的再次强盛，以朝鲜、日本和越南为代表的亚洲国家进一步加强了向中国的学习，并且在结合本国社会文化的基础上孕育出了各国独特的制度与文化。

◆ **大化改新——日本律令制国家的建立。**

日本向中国学习是一个持久漫长的过程。秦汉之际中国移民迁入，把冶铁和水稻种植技术带到日本，推动了日本社会的发展。

公元 593 年圣德太子担任摄政以后，即致力于提高王权的改革。制定官位十二阶以重新整顿当时朝廷贵族官僚身份高低。制定“宪法”十七条，作为贵族必须遵守的政治规范。其中糅合了儒、法、佛诸家思想，强调君权至上，号召臣民“以和为贵”，“以礼为本”，奉诏承命，忠于职守。同时在全国修建许多寺院，以期用佛教的思想来教化臣民，达到长治久安的目的。圣德太子还直接向中国派遣留学生，改变从前单纯通过朝鲜半岛汲取中国文化的方式。同时，为了提高日本的国际地位，圣德太子还在外交政策上实行了重要改革。于公元 607 年，派遣遣隋使，谋求与中国建立对等的外交关系。

公元 646 年元旦，孝德天皇颁布改新诏书，实行政治改革，史称“大化改新”。大化改新是一场古代日本以学习和模仿古中国隋唐的经济和政治制度为主要内容的自上而下的改革。“大化改新”主要在以下诸方面实施了重大的变革：首先，将王族与贵族占有的土地及其管辖的部民收归国有，使土地转为公有财产，人民成为国家直属的公民。其次，颁布并推行班田收授制度，由国家向农民分配口分田，每 6 年重新分配一次，农民死后需将土地归还。同时设立园地和宅地制度，这类土地可以世代相传。对于在任贵族官员，授予食封；对有功勋的贵族，特别赐予功田。第三项改革是建立租庸调税制。第四项举措是对国家管理体制进行改革，确立中央集权体制，在中央设立二官八省分管不同行政事务，并在地方设置国（省）、郡、里（乡）等行政区划体系。

> 班田制就是律令制国家以班田形式授予农民土地，征收租庸调及其他封建服役。因此，以班田制取代部民制就是以封建生产关系取代部民奴隶制的生产关系。
>
> ——朱寰主编：《世界上古中古史（下册）》，高等教育出版社 1997 年版，第 216 页。

通过“大化改新”，日本建立了天皇制的中央集权制国家，削弱了贵族豪强的特权，限制了争夺土地和人民的斗争，为经济和文化的发展创造了比较稳定的政治环境。8—9世纪，日本国势、经济和文化都有了显著发展。

◆ **“小中华”——中古朝鲜的中央集权**

> 对中国而言，后古典时代是与其他民族密切交往的时代。中国商人参与了连接东半球大部分地区的贸易网络。佛教的传播超出了印度故土，在中国吸引了大量的追随者，甚至影响了儒家学者的思想。复兴的中国之影响在整个东亚地区都可以觉察到：外交人员和军队将中国的统治方式引入朝鲜和越南，日本列岛的统治者们在政治组织事务上也谋求中国的指导。朝鲜、越南和日本虽然保持着自身的独特性，但是都从中国汲取了灵感并参与了以中国为核心的更大的东亚社会。
>
> ——［美］杰里·本特利、赫伯特·齐格勒：《新全球史》，北京大学出版社2007年版，第412页。

朝鲜半岛文化是在中华文化的熏陶下发展形成的，在高丽统一半岛时期曾经自称为“小中华”。从新罗到高丽，中国的中央集权制度是如何辐射并迁移到朝鲜半岛的呢？

新罗统一朝鲜半岛是朝鲜历史发展的新时代。公元722年，新罗仿效唐朝的均田制，开始实行丁田制，由国家给15岁以上的男性公民分配一定数量的土地，分口分田和永业田两种。他们必须以谷物缴纳田租，以布匹或其他手工业品缴纳贡品并负担各种徭役，封建土地制度在全国确立起来。为了适应封建制度的需要，新罗不断完善国家机构。8世纪中叶，参照唐制建立了一套比较完善的中央集权的国家体制。

9世纪，新罗政治动乱，丁田制遭到破坏，农民起义遍及全国。随后，朝鲜半岛形成新罗、后百济、后高句丽三足鼎立的局面。公元918年，王建发动政变，建立高丽王朝，先后灭掉新罗和后百济，重新统一朝鲜半岛。高丽王朝建立之初，为了巩固统治，一方面对人民实行怀柔政策，减免租税；另一方面加强专制集权统治。高丽王朝成宗时期，实行改革，强化中央集权制。中央政府设三省六部，以及御史台（掌司法、检察）、翰林院（掌机要文书档案）和中枢院（掌军政），以上各机关的长官统由国王任命文官担任，称为“文班”。地方行政，全国分为十道，设节度使统治；道下设府、郡、县、村等行政单位。由此，高丽王朝仿照唐制建立起中央集权体制，同时高丽王朝还积极引进儒学和佛教，效仿中国实行科举制。

线索三 独具特色的古老文明——古代非洲和美洲文明

1. 独具特色的非洲文明

在15世纪西欧殖民者入侵以前，非洲和美洲的历史大致上是独立发展的。一般认为，非洲是人类文明的发祥地，也是最早迈入文明的地区之一。继古埃及文明之后，北非、埃塞俄比亚、西非等地都曾相继产生过独具特色的不同文明。

◆ 阿克苏姆王国发展鼎盛的原因是什么?

古埃塞俄比亚位于红海沿岸的埃塞俄比亚高原，是非洲一个富有特点的古代文明中心，其历史上最早的国家是阿克苏姆王国。

> 阿克苏姆最高的一座石碑高达33米，超过埃及的方尖碑。巨碑的作用大概是意在昭显帝王的威势，也可能与宗教含义有关。
>
> ——王斯德：《世界通史（第一编）：1500年以前的世界》，华东师范大学出版社2009年版，第341页。

阿克苏姆的农业、手工业都比较发达，很早就修建了完善的山坡梯田和灌溉工程，引山间的溪水浇灌梯田，在平原上也围堤坝贮蓄雨水，以便干旱时浇灌。犁田中使用牛耕已经十分普遍。它的制铁、酿酒、制陶业都已经达到相当水平。尤其是造船业，技艺精湛，造船不用铁钉，用于出征的船往往一次就有一两百艘，表明国家当时已经具备了非凡的造船能力。

> 阿杜利斯港是当时东非一带最负盛名的国际贸易中心，也是内地货物的集散地，经由该港输出的商品有象牙、黄金、黑曜石、绿宝石、犀角、玳瑁、香料及奴隶，从外部世界则进口布匹、服装、丝绸、染料、酒类、白银、铜、铁器、玻璃器皿等。
>
> ——王斯德：《世界通史：第一编1500年以前的世界》，华东师范大学出版社2009年版，第339页。

阿克苏姆的兴盛与古代东西方海上交通和贸易繁荣密切相关。红海沿岸一带，很早就成为连接地中海与印度洋水路交通的中继站，出现了一批繁忙的商业港市。红海沿岸还有其他许多大小商港，活跃的过境贸易给阿克苏姆带来了巨量的财富。

公元4—6世纪，处于鼎盛时期的阿克苏姆王国拥有发展的王权，国王拥有“万王之王”的称号。国王以下还统辖着众多大小不等的藩属领地，国王向其征赋。国王组建起强大的常备军，配置有骑军、步军和海军，倚仗显赫的武力，大肆对外扩张。外交上广结波斯、罗马，还建立起一套沿用至今的埃塞俄比亚文字体系。

◆ 西非文明为什么会有历史上最富有的君主?

西非国家拥有丰富的黄金资源，控制着经由撒哈拉商道与北非和东北非开展的贸易，统治者通过向商队征收过境货物和税赋，积聚起大量的财富，逐渐拥有了强大的经济和政治实力。

西非第一个有文字记载的文明古国是加纳，西非产金区的黄金运输都需要经过加纳，因而加纳由此拥有“黄金之国”的美誉。加纳国王有很高的权威，坐在圆锥形的茅顶宫殿里处理政务。臣民朝见时一般跪伏在地，向头上抛洒尘土，以表敬意。按照加纳人当时的规定，采得的天然金块必须归国王所有，生产者只能得到碎金砂，但金砂可以自由买卖。税收是国王的重要财源。

马里帝国在14世纪初曼萨·穆萨统治期间达到鼎盛时期。马里经济繁荣，对外交往也十分活跃，国家向摩洛哥、埃及和其他地方派遣了使节和王室代表。1324—1325年，曼萨·穆萨的麦加朝圣之行，在历史上以排场奢华著称。

> 据说穆萨的朝圣团有8 000人随行，前有500名奴隶手执金棍开道，后随百匹骆驼，各驮300磅黄金，另有上千头骆驼，载运着旅途所需的衣物给养，浩浩荡荡，招摇于途。路经开罗时，穆萨慷慨解囊，一次就赠送给埃及苏丹纳西尔55 000金第纳尔。他在开罗还大肆采购，挥金如土，竟至黄金充斥于市，金价大跌，甚至历12年后尚不能恢复原价。
>
> ——王斯德:《世界通史（第一编）: 1500年以前的世界》，华东师范大学出版社2009年版，第334页。

穆萨在回国时还邀请阿拉伯建筑师同返，帮助设计了伊斯兰风格的清真寺和宫殿。穆斯林世界的西非桑科勒大学有几千名学生，藏有大量书籍手稿。国家敬重博学之士，据说在马里“贩卖书籍比其他任何生意更赚钱”。伊斯兰文化和阿拉伯语在西非广泛传播，廷巴克图成为当时与开罗、巴格达齐名的最重要的伊斯兰文化中心之一。

> 伊斯兰教促进苏丹（黑人之国）的文化生活，随着古兰经学校的建立，

识字的人越来越多，学者们在廷巴克图的大学里从事最高深的研究，自由出入穆斯林世界的其他大学……此外，西非帝国的行政管理较为先进，其中，桑海王国最为突出，它划分为界限明确的几个省，各省均设有总督。

——［美］斯塔夫里阿诺斯：《全球通史》，吴象婴、梁赤民、董书慧、王昶译，北京大学出版社2012年版，第306页。

2. 自成一体的古代美洲文明

◆ **玛雅人对世界文明有何贡献？**

以位于今危地马拉的蒂卡尔城为例，这是迄今完整发掘出的最大的玛雅城市。该城的中心建有5座金字塔，这些金字塔塔高约有60米，其建筑年代当在300至800年之间。

——王斯德：《大学世界史》，高等教育出版社2011年版，第79页。

玛雅文化是中美洲印第安古代文明璀璨夺目的杰出代表，有“美洲的希腊”之誉。玛雅人长于农耕，培育了包括玉米、马铃薯、西红柿、可可在内的40多种农作物，日后陆续传播到世界各地，改善了全体人类的物质生活。

由于农业生产的需要，他们观测天象，制定了精确的历法，还建造了美洲最早的天文观象台，能准确推算日食周期，掌握月亮、金星的运行规律。玛雅人依照人的手指、脚趾数，创造了二十进位计数法，并创制了独特的象形文字体系。玛雅人极富艺术创造才能，擅长建筑、雕塑、绘画，尤其是他们的建筑工程。比如，库库尔坎神庙中的圆塔式天文观象台，矗立于两层方形台基上，台内有螺旋形梯道连接各层，设计精巧，布局合理，很适用于天文观测之用。

◆ **阿兹特克文明如何从兴盛走向衰落？**

阿兹特克文明是中美洲印第安文明的绝唱。阿兹特克社会基本单位是氏族，以父系族长为首。20个氏族为一个部落，由部落议事会决定公共事务，推选国王。

阿兹特克人农业发达，十分重视排灌、施肥，他们主要依靠所谓“浮动耕作法”，特诺奇蒂特兰的居民在湖中木筏上敷泥种植，作为浮动园圃，以补土地不足。

16世纪初，特诺奇蒂特兰发展成为一个具有相当规模的大都市，人口据说已达到30万。这座城市规划井然有序，3条宽、10米长的堤道把城市和湖岸相连，堤道上还设有多处吊桥，以防外敌。城市建筑华美，城墙、宫殿、神庙巍峨壮丽。城北还有柱廊环绕的商场，可容数万人，定期举办集市。

> 阿兹特克流行以活人心脏向神明献祭的习俗，充当牺牲者每年多达数千人。阿兹特克人之所以都是武士，其目的之一就是要掳掠作牺牲的战俘。
>
> ——王斯德：《大学世界史》，高等教育出版社 2011 年版，第 81 页。

阿兹特克人对邻近部落的长期掠夺加深了彼此间的仇视与对立，后来被西班牙人利用。16 世纪初，西班牙人从古巴首次侵入墨西哥，一路烧杀，他们骗取本地托托纳克人、特拉斯加兰人等部落的支持，结为同盟，孤立和集中打击不愿就范的阿兹特克人。最终，阿兹特克人由于粮食和水源断绝，加之天花肆虐，最终被征服，阿兹特克文明惨遭摧毁。

◆ 印加人如何统治他们的帝国?

印加文明是南美大陆文明发展的最高峰，也是古代美洲文明中地域最辽阔、社会组织最严密的一个。

印加帝国拥有最严密的统治机构。国王执掌立法、行政大权，兼任最高军事首领和首席祭司，实行高度集权。国王被视为“太阳神之子”，除了国王的妻子和姐妹，没人敢对他正面直视。国王死时，以妻妾奴仆殉葬或献祭，多时达百人。新王登基和出征之际，也要以活人为祭。国家实行世袭的贵族统治，由贵族充任国家重要行政职务，其他还有祭司、平民和奴隶几个等级。

> 印加的土地理论上由“印加”（国王）拥有，实际上则分为三部分，即“印加”地（王田）、太阳神地（神庙土地）和村社地。普通的印加村社成员要在村社长老的率领之下，先集体耕种王田和神庙土地，然后才能耕作村社土地。
>
> ——王斯德：《大学世界史》，高等教育出版社 2011 年版，第 82 页。

印加社会组织严密，所有印加人都被严格组织起来，他们几乎没有私人财产和意志自由。王田和神庙土地的收获归王室和祭司所有，村社土地收获的 2/3 要作为税收上缴国库。不仅如此，印加社会成员每年还必须承担国家的劳役，从事筑路、开矿和修渠等公共工程建设。

印加的巨石建筑和道路工程是世界文明史上的一大奇观。建于海拔 3 000 多米高原上的库斯科城，宫殿和城堡都以巨石垒成，不同凡响。印加人在崎岖的安第斯山脉高原上，以首都库斯科城为中心，修建了一条总里程达 4 万千米的庞大而有效的道路系统，考虑到当地特殊地理环境，加上印加人还不知用铁，这项工程使得印加人获得了“新世界的罗马人”的美誉。

历史之音

1. 如何理解“拜占庭共同体”的影响？

拜占庭的政治、经济和文化产生了如此深远的影响，以至于一些历史学家经常称其为“拜占庭共同体”。正如在古典时代希腊和罗马首次把地中海区域整合成一个更大的社会一样，在后古典时代，拜占庭的各项政策也促进了一个集商业、贸易、交换为一体的庞大的多元文化地带形成于东欧和地中海东部地区。

——［美］杰里·本特利、赫伯特·齐格勒：《新全球史》，北京大学出版社2007年版，第338页。

◆ **沟通东西方的桥梁。**

拜占庭帝国的城市工商业比较发达，君士坦丁堡、大马士革和亚历山大等地都是地中海首屈一指的工商业城市。君士坦丁堡三面环水，扼博斯普鲁斯海峡和黑海的出海口，由于地处欧亚大陆的连接处，地理位置优越，是当时欧洲最大最重要的城市，东西方之间的商贸活动大多集中于此，成了沟通东西方的桥梁，也是东西方文明发展的纽带。

发达的对外贸易成为君士坦丁堡商业经济的一大特色：向东，君士坦丁堡主要是与波斯、印度和中国进行贸易，产自这些地区的香料、香水、宝石、稀有金属、檀香、麝香、樟脑、生丝、棉花、丝绸和精美的羊毛织品等特产，都会源源不断地运抵这里，再从这里经由地中海转运到巴尔干半岛以及西欧和北非各地；西面和北面，它与东欧和北欧乃至西欧地区一直保持着良好频繁的贸易往来，来自欧洲的谷物、咸鱼、蜡、毛皮、食盐、蜂蜜、鱼子酱、琥珀、铁、铜甚至是奴隶等商品，都是通过君士坦丁堡的商路转运到世界的其他地方。而君士坦丁堡的出口的商品，包括布匹、金银制品、雕刻的象牙、玻璃、玛瑙杯子、花瓶、镶嵌物、水果以及醇美的佳酿和其他特制的奢侈品，也不断满足着上述这些地区的需求，极大地丰富了当地人民的生活。在君士坦丁堡的带动下，拜占庭帝国的对外贸易达到了相当高的发展水平。

——任霏、杨文雅：《君士坦丁堡的建立及其对东西方文化交流的影响》，《赤峰学院学报》2014年4月第4期，第14页。

◆ **罗马法的集大成者**。

公元6世纪，为了加强统治，查士丁尼组织了一群才能卓越的法学家整理法律先例、法律意见和皇帝颁布的法令，先后完成了《查士丁尼法典》《法学汇纂》《法理概要》《新法典》4部法典的编纂，这4部法典自成体系，互不相属，后被合称为《罗马民法大全》，成为后世了解和研究罗马法的主要文献。法典宣扬皇帝是国家最高统治者，肯定了奴隶制的存在，虽然有许多落后过时的内容，但他们系统地整理了罗马法，给后世的研究提供了第一手资料；同时法典也是罗马法的集大成者，对近代资产阶级法律体系的形成具有重大的影响。

《法理概要》对市民法和万民法的定义为：

市民法和万民法有别，任何受治于法律和习惯的民族都部分适用自己特有的法律，部分则适用全人类共同的法律。每一民族专为自身治理制定的法律，是这个国家所特有的，叫做市民法，即该国本身特有的法。至于出于自然理性而为全人类制定的法，则受到所有民族的同样尊重，叫做万民法，因为一切民族都适用它。

——［古罗马］查士丁尼：《法学总论——法学阶梯》，张企泰译，商务印书馆1996年版，第6—7页。

◆ **促进斯拉夫文明化的进程**。

俄罗斯发端于9世纪建立的基辅罗斯，拜占庭文化深刻影响了斯拉夫人的文化。

政治方面，早期的罗斯国家是没有专制概念的，贵族成为大公的主要限制力量，不过拜占庭的专制思想逐渐改变了这个走向，俄罗斯逐渐形成以皇权至上、神化皇权为核心的中央集权制。

经济方面，受到拜占庭商业因素的诱导，俄罗斯逐渐拥有了很强的商业文明色彩，保护、扩张商业利益成为俄罗斯对外政策的出发点之一。

法律方面，罗斯人早期没有成文法，只有野蛮的习惯法，如血亲复仇、以牙还牙、以眼还眼等。在接触到拜占庭文明后，罗斯开始仿照拜占庭颁布成文法。

宗教方面，由于俄罗斯的社会落后于拜占庭，俄罗斯的宗教也受到了拜占庭的冲击，甚至直接接受了拜占庭的东正教。文化方面，斯拉夫字母是对希腊字母的继承和改造。

988 年，基辅大公弗拉基米尔毅然摒弃传统的多神教，捣毁其所有神像，宣布以东正教为国教，并强令基辅臣民跳入第聂伯河参加集体洗礼，史称“罗斯受洗”。同时，弗拉基米尔又在罗斯各地兴建教堂，设立修道院，派遣传教士分赴国内各处进行传教活动。

——王斯德：《世界通史（第一编）：1500 年以前的世界》，华东师范大学出版社 2009 年版，第 254 页。

2.“中世纪”与“中古”在语义上有何区别?

在日常教学中讲述世界古代史与世界近代史之间的那段历史的时候，我们经常会使用“中世纪”一词。在《中外历史纲要（下）》第二单元导语中则明确“5—15 世纪一般称为中古时期”。翻阅《辞海》，我们也发现“中世纪”与“中古”这两个词往往会混用。

亦称“中世”“中古”。历史学上通常指封建制时代（主要用于欧洲）。“中世纪”一词出现于欧洲文艺复兴时，意指古典（希腊、罗马）文化期与古典文化“复兴”期之间的时代，约当公元 4 或 5 世纪至 15 世纪。后被广泛采用并有所发展。今指介于古代奴隶制与近代资本主义之间的时代，一般以 476 年西罗马帝国灭亡至 15 世纪末大航海时代或 1640 年英国资产阶级革命，为欧洲中世纪之时限。

——辞海编辑委员会：《辞海》（第七版）缩印本，上海辞书出版社 2022 年版，第 2971 页。

但是查找各种材料，仔细辨析，我们却发现两者还是有比较明显的区别的。

首先，两者相对应的概念是有区别的。“中世纪”对应的是“文艺复兴”。“中古”这个词是一个历史分期的术语，它所对应的是“远古”“上古”“近代”“现代”等历史分期。虽然不同专家、不同专著对中古具体时间的定义并不完全一致，但主要还是在历史学范畴中进行研讨，并不像“中世纪”那样带有强烈的感情色彩，它不但是一个时间概念，更是一个文化概念。

“中世纪”这一概念最早是由文艺复兴时期的著名史学家比昂多在《罗马衰亡以来的千年史》一书中提出，此后，便被西方学术界沿用。与中世纪相对应的另一术语就是“文艺复兴”，这个词的最早提出者是乔治奥·瓦萨里，“复兴”即意味着文艺在中世纪已经死亡，有待于复活。由此可见当时人们对中世纪的看法。可以说，从那时起，人们就把中世纪看作是一个“黑暗的时代”。

——高永《无边的黑暗还是希望的曙光——重估中世纪及其文学》，《世界文化》，2007 年第 1 期，第 10 页。

其次，两者所对应的区域是不同的。正如《辞海》释义中所言，“中世纪”一词更多指向的是欧洲，或者具体一点是西欧。谈到中世纪，人们脑海当中所出现最多的肯定是“城堡”“骑士”“庄园与农奴”这些概念。这些概念出现的土壤就是当时分裂割据、生产力低下、教权与王权不断斗争的西欧。与同时期的拜占庭、阿拉伯和中国等国家的政权形势、思想文化、经济形态绝不相同。

正因为如此，所以在国内外一些主流通史读物中对于西罗马帝国灭亡后的那段历史的界定和分期各不相同。但越来越多的史书不再用“中世纪”这个词来描述近代之前的世界历史。比如，J. M. 罗伯茨的《全球史》将这段历史称之为“传统分化的时代”，杰里・本特利和赫伯特・齐格勒合著的《新全球史（第三版）》就用了“后古典时代（公元 500—1000 年）”“跨文化交流时代（公元 1000—1500 年）”来表述，而用“中世纪”的话也往往只是单纯介绍欧洲的历史。所以《中外历史纲要（下）》第二单元要介绍全世界各地的主要文明，势必要跳出欧洲。其概念必须统领世界，所以在时空定义上用“中古时期”来表明时空概念是非常清晰的，在日常教学中我们也应该及时适应这个称呼，以帮助学生厘清背后的深层含义。

第三单元

走向整体的世界

第一部分　单元解析

课程标准要求

高中课程标准对本单元的教学要求阐述如下：

通过了解新航路开辟所引发的全球性流动、人类认识世界的视野和能力的改变，以及对世界各区域文明的不同影响，理解新航路开辟是人类历史从分散走向整体过程中的重要节点。

单元主题解读

本单元的标题是“走向整体的世界”。与《中外历史纲要（下）》大多数单元标题相比，第三单元标题的本身既不包含空间，也没有时序，而是体现了15—16世纪人类历史发展的大趋势。正如单元导言中所谈到的“15—16世纪是世界历史发展的重要时期”。

从单元标题中延伸出本单元的三个核心问题；

首先，世界为何会走向整体？自古以来人类社会交流不断，然而始终只是陆地相连的欧亚非三大洲的交流。为何从15世纪开始诸多航海家会前赴后继地开辟新航路，勾勒出一个完整的世界？这与新航路开辟的历史动因和社会经济等现实因素密切相关。

其次，世界如何走向整体？第6课的课题是“全球航路的开辟”，详细叙述15—17世纪欧洲各国对海洋和世界的探索。本课着眼点在“全球”上，教学内容相较之前各类教材更为细致全面，引导学生认识这一时期人类发现世界的过程是一个不曾间断、遍布全世界的过程。不再是简单对之前版本的回顾。

最后，走向整体的世界产生了怎样的影响。全球航路的开辟深刻影响了世界各地，特别是美洲的发展。西欧的殖民统治从此使美洲走上了一条畸形的发展之路。全球航路的影响不仅是对殖民地、对欧洲以及对世界产生了各方面的影响，虽然暂时还未能震撼旧世界，但已经为之后西方的强大与东方的衰落做好了铺垫。

单元内容结构

本单元包括两课，第 6 课“全球航路的开辟”、第 7 课“全球联系的初步建立与世界格局的演变”。

本单元所介绍的新航路开辟是世界历史发展进程中最重要的事件之一。新航路的开辟大大推进了人类对世界的认知程度，使人类逐渐全面地认识了自己所生活的世界。新航路开辟是西欧社会转型的组成部分，深刻影响了西欧经济与社会的发展。新航路开辟使人类历史从分散走向整体，自此之后世界各地成了密不可分的整体。

本单元两课脉络清晰，第 6 课讲新航路开辟的动因与基本情况，第 7 课全面分析了新航路开辟对全世界经济和社会的影响。

核心素养水平建议

（1）能够借助地图、时间轴和图表等工具了解新航路开辟的概况；知道全球物种、人口和商业交流的基本情况。并能运用唯物史观的相关理论，分析全球联系初步建立后的影响。

（2）能够客观、全面地评价全球航路开辟的影响，并将之置于西欧近代社会转型的大背景下进行理解，从而认识 15—16 世纪西欧社会转型的经济与社会动因。

（3）能够通过对相关史料的释读、对比、联系，了解全球航路开辟后，物种、人口和商业交往的具体特点与发展趋势。

（4）能够在充分占有相关史料的基础上，知道全球物种、人口、商业交流的基本情况。能从动机与后果、原因和结果等角度客观、合理地评析早期殖民扩张对各地的影响。

（5）理解全球航路的开辟是历史发展的必然，感悟它是世界历史从分散走向整体的重要节点。

第二部分　教材比较

与初中课程标准、教材比较

《中外历史纲要（下）》第三单元文本内容是《世界历史第一册》中的第五单元“走向近代”中第15课“探寻新航路”和第16课“早期殖民掠夺”的延伸与扩展，两者既有共性又有差异。

1. 课程标准相关内容表述

课程标准相关内容表述对比见表3－1。

表3－1　课程标准相关内容表述对比（第三单元）

初中课程标准	高中课程标准
通过哥伦布、麦哲伦等航海家的探险活动，以及新航路开辟后的殖民扩张、物种交换和全球贸易，了解资本原始积累的野蛮性和残酷性，认识新航路开辟的世界影响，理解世界逐渐形成一个整体	通过了解新航路开辟所引发的全球性流动、人类认识世界的视野和能力的改变，以及对世界各区域文明的不同影响，理解新航路开辟是人类历史从分散走向整体过程中的重要节点

初中课程标准从探险活动、殖民扩张、物种交换和全球贸易这4个具象的维度入手，分析新航路开辟对世界带来的影响，从全球视角理解世界逐渐形成一个整体的过程。相较于初中课程标准，高中课程标准更着重于新航路开辟后造成的全球性流动，以及随着生产方式的变革对不同文明区域所产生的影响，从整体把握人类社会从分散到整体的发展趋势。

2. 教材相关单元、课、目编排

教材相关单元、课、目编排对比见表3－2。

表 3-2 教材相关单元、课、目编排对比（第三单元）

《世界历史第一册》		《中外历史纲要（下）》	
第五单元　走向近代		第三单元　走向整体的世界	
第 15 课 探寻新航路	探寻新航路的热潮	第 6 课 全球航路的开辟	新航路开辟的动因和条件
	哥伦布“发现”美洲		新航路的开辟
	麦哲伦船队环球航行		
第 16 课 早期殖民掠夺	葡萄牙与西班牙的殖民掠夺	第 7 课 全球联系的初步建立与世界格局的演变	早期殖民扩张
	英国的殖民扩张		
	荷、法、英殖民争霸		

◆ 从内容编排看，《世界历史第一册》第五单元“走向近代”，共 4 课时，单元主题聚焦 14、15 世纪世界，尤其是欧洲在经济、思想文化、世界联系方面的变化，第 15~16 课共 2 课时，聚焦于探寻新航路及新航路开辟带来的世界影响。《中外历史纲要（下）》第三单元“走向整体的世界”共 2 课时，单元主题不仅围绕全球新航路的开辟和随之而来的早期殖民扩张，更侧重于新航路开辟后全球人口、物种、商品方面的世界性流动，世界各地区联系的加强更使得整个世界从分散逐渐走向整体，突出新航路开辟的重要节点作用。

◆ 就知识点而言，《中外历史纲要（下）》第三单元相较于《世界历史第一册》第五单元新增的知识点大致有全球其他航路的开辟、新航路开辟后的人口迁移、物种交换、商品的世界性流动等。《世界历史第一册》第五单元第 16 课中有关三角贸易、各国的殖民争霸等相关内容在《中外历史纲要（下）》第三单元中不再重复讲述。

◆ 从行文表述上看，需要特别指出下列方面。

对这一时期的特征总结，《世界历史第一册》第五单元的标题是“走向近代的世界”，第 15 课的表述是“探寻新航路”；《中外历史纲要（下）》第三单元则是“走向整体的世界”，表述为“全球航路的开辟”。高中统编教材更体现出了世界主要大洋和大陆之间的“全球航线”对世界各文明区域之间的直接联系所产生的重要作用。

与华师大版高中教材比较

《中外历史纲要（下）》第三单元全面详细地介绍了新航路开辟的动因、内容和影响。其中一部分史实与华师大版《高中历史第四册》① 第一单元第3课一致。两版教材都关注到了新航路开辟在人类历史中的重要作用，强调其是人类从分散走向整体的重要一步，对近代世界各地的发展产生了不同的影响，推动了人类文明的演进。但两者在内容的编排、知识点详略、行文表述等方面存在不小的差异。

◆ 从内容编排看，华师大版《高中历史第四分册》第一单元第3课主要是将新航路的开辟作为15—16世纪西欧社会转型过程中的一个组成部分，对新航路开辟这一史实进行了简单的介绍，但并未对它的影响进行详细的介绍。《中外历史纲要（下）》则将新航路开辟这一人类历史上的重大历史事件单独成章介绍。对全球航路的开辟到全世界人口、物种、商品的跨洋交流和所造成的经济和社会的影响作了全面详细的论述，突显了本单元的主题——走向整体的世界。

◆ 就知识点而言，相较于《高中历史第四分册》第3课，《中外历史纲要（下）》第三单元新增了诸多的知识点，如北大西洋和南太平洋海上航线的开辟、新航路开辟后的人口的流动、动植物的大交流、疾病的传播、太平洋贸易和大西洋的贸易的发展、三角贸易、丝银贸易、商业革命、价格革命和欧洲商业格局的变化等。

◆ 在行文表述上，需要特别指出的下列方面。

《中外历史纲要（下）》用“全球航路的开辟”代之以“新航路开辟”。高中课程标准上的表述依然是“新航路”。一方面，《中外历史纲要（下）》用“全球航路”体现了高中课程标准中所提到的新航路开辟所引发的人口、物种和商品的“全球性流动”这一空间概念；另一方面，“全球航路”这一概念也能体现出从局部到全球人类历史的演进。

关于新航路开辟后的重大影响，华师大版《高中历史第四册》认为：“随着全球贸易范围空前扩大和商品流通数量、品种急剧增加，世界市场开始形成，各

① 余伟民主编：《高级中学课本高中历史第四分册（实验本）》，华东师范大学出版社2008年版。以下简称华师大版《高中历史第四分册》。

国和各地区之间的经济文化联系日益密切。”《中外历史纲要（下）》新增了对商业市场的影响，指出“新航路的开辟，给新兴资产阶级提供了新的活动场所。随着海外市场的不断开拓，欧洲出现了商业革命和价格革命。商业贸易的大扩张使商品种类与流通量成倍增长，股份公司与证券交易所纷纷出现，欧洲的商业格局发生了重大变化。贸易中心逐渐从地中海转移到大西洋沿岸，英国、法国、荷兰等新的商业强国崛起。大量贵金属源源不断流入欧洲，导致货币贬值、物价上涨、投机活跃。价格波动搅乱了传统的经济关系，依赖固定地租收入的封建领主经济地位下降，商业资产阶级实力上升，资本主义加速发展，封建制度濒于解体”，揭示了新航路开辟如何从经济上促进了西欧社会的重大转型。

第三部分　核心问题释读

线索一　全球航路开辟与地理大发现

到 15 世纪中叶，人类到达和认识了 2/5 的陆地和 1/10 的海域。是否还有未知的世界？未知的世界究竟有多大？人类对此尚且一无所知。然而，从 15 世纪下半叶到 17 世纪末的短短两百年间，人类基本完成了对剩余世界的探索。因为在这段时间内，人类在探索世界方面取得了极其巨大的突破，所以这大约两个半世纪的时间被称为地理大发现时期。而新航路的开辟则率先揭开了这个充满光荣与梦想的时代，欧洲主导了新航路的开辟与地理大发现。

1. 欧洲为何能主导新航路的开辟?

> 地理大发现为什么发生并完成于 15—17 世纪，而不在其他的时代；地理大发现的主角为什么都是欧洲人，而不是亚洲人、非洲人；在地理大发现的六大主角国中，有五个是西欧国家，它的原因何在?
>
> ——张箭：《地理大发现研究》，商务印书馆 2002 年版，第 33 页。

欧洲之所以能主导新航路的开辟，除了一些普遍因素之外，还有其独特的因素。资本主义的对外扩张也在其中扮演了非常重要的角色。

这里所谓的普遍性因素指的是国家要发展海外贸易所需具备的条件。就欧洲而言体现在如下方面。

从政治上来看，15 世纪时诸多西欧国家建立了中央集权制度，只有在这样的条件下才能为远航提供必要人力、物力和财力。这些国家包括赶走了摩尔人的西班牙和葡萄牙；经历了百年战争最终明晰国家概念的英格兰和法兰西；推翻西班牙统治获得独立的荷兰，以及正不断崛起的俄国。当然，必须指出的是，与许多普遍性因素一样，国家统一与中央集权并非唯一的条件。不然中国、奥斯曼帝国、莫卧儿帝国等都应该走在新航路开辟的前列，之所以没能分一杯羹，与经济方面密切相关。

从经济上来看，自 10 世纪后，欧洲的经济开始逐渐恢复。到了中古时期晚期，西欧商品经济发展迅速。在初步发展的城市里，资本主义开始从手工工场萌芽。随着经济的发展，西欧急需作为大宗交易媒介的贵金属——黄金，这也直接导致了当时在欧洲“寻金热”的出现。同时资本主义的发展也需要进行资本原始积累。这些都为新航路开辟创造了重要的条件。

从文化上来看，传播基督教也是推动新航路开辟的原因之一，向全世界推广基督教，让更多的人皈依基督教，与伊斯兰教进行竞争并在新航路的开辟中成为君主、船员们克服困难不断前进的精神动力。

这些普遍性因素是促成新航路开辟的重要因素。不过最终西欧主导了新航路的开辟，还有一些独有的因素。

> 欧洲人不仅有地理大发现的有利的地理条件和地缘政治优势，而且选择了“正确的”扩张方向，“科学的”推进目标，从而开始了地理大发现。这是由当时欧洲的政治、经济军事文化形势所决定的。
>
> ——张箭：《地理大发现研究》，商务印书馆 2002 年版，第 42 页。

相对于其他地区和国家，在探索未知世界发现新航路上，西欧具有得天独厚的优势。靠近大西洋，便于航海，更重要的是西欧相对离人类未知区域最近，当通往东方的旧商路被奥斯曼帝国所阻断，他们必定会寻找新的路线。这时只要有相应的技术条件，总能比其他地区更早地找到新航路。

而更为关键的是，从古希腊开始，西欧对于科学的探索为新航路的开辟创造了科学理论上的条件。无论是亚里士多德对球形大地的科学证明，还是埃拉托色尼通过实践测试出地球的大致周长，抑或是推罗的马林发明的等角正圆柱投影法对编制海图的重大意义。凡此种种，都为西欧开辟新航路提供了理论和技术的协助。

这些古希腊时期的重大科技借由文艺复兴而“复兴”乃至进一步发展。文艺复兴和宗教改革为新航路的开辟提供了思想和精神的助力。几乎所有探险家、航海家、商人、王室对异域的探索要么处于建功立业、要么出于流芳千古、要么出于发财致富，这些无不与文艺复兴时期的“人文主义”密切相关，他们的各种目标都是为了“人”。

如何达到以上不同的目标？现实造船术和航海仪器的发明创造为西欧人踏上巨浪、奔向梦想提供了载体。热兵器的发明与普及也为西欧征服新大陆提供了重要的砝码。没有绝对的压倒性武器优势，欧洲人便不能迅速征服印第安人。

地理大发现时代，欧洲在军事上已处于冷热兵器混用的时期。需要指出的是，在15世纪和16世纪上半叶，欧洲火器并不一定比东方先进。不过用于征服只有石器、铜器的黑非洲土著、美洲人、连铜器都没有的澳洲黑人还是绰绰有余。没有绝对的压倒的武器优势，欧洲人便不能迅速征服印第安人，也不能大量猎捕贩卖非洲黑人和制服镇住北亚人、澳洲人。地理大发现虽仍能发生，但欧洲人却难以从中捞到更大的好处，那样便不会投入很多，地理大发现也就不会较快地完成。

——张箭：《地理大发现研究》，商务印书馆2002年版，第71页。

另外新航路的开辟也与获得土地有着密切的关系，国王会把新获得的土地分封给贵族，所以就出现了一个有意思的现象——新航路的开辟与资本主义的发展密切相关，而新航路的开辟却在一定程度上对本国贵族有益，难怪有学者认为新航路的开辟是形成中的资产阶级与封建统治的联合扩张。

“地理大发现”是形成中的资产阶级与封建统治阶级的联合扩张，缺乏任一方都不会有“地理大发现”。当代西方学者一般都十分重视国家在其中的作用。斯塔夫里阿诺斯说：新生的民族国家“在调动从事海外冒险事业所必需的人力物力资源方面是必不可少的。早期探险者虽然绝大多数是意大利航海冒险家，但他们的资助者都是新兴的民族君主国，而不是他们的家乡、微不足道的城邦，这一点决非偶然”。

——侯建新主编，王加丰：《欧洲文明进程·贸易扩张卷》，商务印书馆2023年版，第199页。

正是这些错综复杂的因素，15—16世纪的新航路开辟成为现实，也使这一重大历史事件成为封建社会向资本主义过渡的“界标”。

2. 如何理解西班牙和葡萄牙“其兴也勃焉、其亡也忽焉？”

从地理上看，伊比利亚半岛上的西班牙和葡萄牙位于西欧的边缘。在古代这里是相对落后的地区，远离欧洲的中心，曾经遭到摩尔人的占领，从来就不是历史的主角。然而从15世纪开始，这两个国家成为全球航路开辟的先驱，同样是近代最早进行殖民统治的国家，甚至于他们曾经在教皇的安排下“瓜分”了整个世界。但盛极而衰，这两个国家迅速沦为二流国家，而且再也没有兴盛过。正所谓“其兴也勃焉、其亡也忽焉”。

◆ **西班牙和葡萄牙是如何领先的**。

虽然地处欧洲一隅，但是西班牙和葡萄牙两国却是西欧最早建立起来的民族国家，中央集权体制为其对外探索与扩张提供了政治基础。

从公元711年阿拉伯帝国入侵西班牙之后，在长达7个世纪的时间里，西班牙人就开始了被称为“列康吉斯达”的收复故土斗争，在斗争过程中，宗教与收复故土的斗争相结合促进了西班牙民族意识的发展。最终在1492年，西班牙攻取格拉纳达，收复失地运动以西班牙人取得全胜而告终。早在1249年，葡萄牙人也通过长期的斗争赶走了摩尔人，建立了葡萄牙王国。

在收复失地取得对外战争后，两国都致力于建立中央集权体制以巩固统一，打击封建割据限制贵族权力以加强王权。面对天主教会，两国不约而同地加强对教会的控制，使得教会成为其统治的工具。

西班牙和葡萄牙的独立和统一为他们向全球的探索创造了条件。

从经济上来看，葡萄牙地少、人少，是个穷国。西班牙刚实现统一，经济也并不发达。要想发展壮大，唯一的出路就是另寻出路——向海外探索和扩张。从15世纪开始，西欧已经在不断酝酿开辟新航路的行动。然而，此时欧洲其他国家或是如德国与意大利依然处于分裂割据状态，或是如英法两国，刚刚实现了统一，尚不具备所有条件。只有葡萄牙与西班牙能够运用国家机器来调动各种人力物力去发展航海业。

处于大西洋沿岸的地理位置也锻造了两国沿海居民敢于冒险的性格，长期的近海捕鱼也为他们积累了大量实用的航海经验。葡萄牙的亨利王子、国王若昂二世，西班牙的斐迪南国王和伊莎贝拉女王都积极支持两国的对外探险与殖民，并通过签订各种契约鼓励人们开拓新的世界。在王室的支持下，各国航海家纷纷来到西、葡两国，前赴后继地踏上了寻找新航路的舞台。面向大西洋的西班牙和葡萄牙率先走上了殖民扩张之路。

新航路开辟后，最早的两大殖民强国西班牙和葡萄牙为了争夺殖民地，矛盾日趋尖锐，1493 年，教皇亚历山大六世做出仲裁，在亚速尔群岛和佛得角群岛以西 100 里格，相当于 550 千米的地方，从南到北画了一条分界线，史称“教皇子午线”。规定该线以西的一切土地属于西班牙的势力范围，以东的一切土地属于葡萄牙的势力范围。由于葡萄牙不满这一仲裁，到 1494 年，西葡两国又缔结《托德西拉斯条约》，把这条所谓的分界线向西移动了 270 里格。（编者注：约 1 300 千米）

自此之后，葡萄牙主要专注于经营东方，建立起一连串的殖民据点和商站，力图将连接东西方主要商道牢牢地控制在自己手里。西班牙则将除巴西之外的拉丁美洲地区占为殖民地。

◆ **西班牙和葡萄牙是如何掉队的**。

西班牙和葡萄牙殖民者带着火和剑来到新世界，留下的是用火和血书写的记录。1500—1650 年，西班牙从美洲掠夺了 180 吨的黄金和 16 000 吨白银。1493—1600 年，葡萄牙人从非洲掠走了 276 吨黄金。西欧人的黄金梦实现了，西班牙和葡萄牙成为全世界最有钱的国家。

然而 1588 年，西班牙“无敌舰队”被英国击败，从此英国人开始占据大西洋的制海权。1652 年，荷兰占领了好望角，控制了大西洋—印度洋航线。最早开始殖民扩张（早期扩张）、劫掠巨量金银的西班牙，连同葡萄牙一起，失去了殖民贸易的主导权。从此走向了衰落。

1675 年，一个西班牙人还很得意地夸耀整个世界在为他们而工作的情况，“让伦敦满意地生产纤维吧；让荷兰满意地生产条纹布吧；让西印度群岛满意地生产海狸皮和驮马吧；让米兰满意地生产织锦吧，让意大利和佛兰德生产他们的亚麻吧，我们的资本会满足他们的。惟一可以证明的是，所有国家都在为马德里训练熟练工人，而马德里是所有议会的女王，整个世界服侍她，而她毋需为任何人服务。”

——王加丰：《西班牙葡萄牙帝国的兴衰》，
三秦出版社 2005 年版，第 303—304 页。

1675 年的西班牙已经走向了衰落，在这段“美好的回忆”中我们发现，在早期的世界贸易体系里，西班牙先在殖民地劫掠金银，再向全世界后购买商品。在殖民地掠夺的大量金银并没有帮助它完成资本原始积累、促进生产关系的改造。相反，绝大多数金银被用在了消费上，进而引发了从上到下盲目地追求金银，使贵金属供应量的增加，加速了国内的通货膨胀。当时的西班牙国内普遍轻视生产，对制造业的转移毫不在意，长此以往便导致了西班牙国力的衰退。

1568—1598 年，西班牙的军事开支是荷、英、法三国总和的 5 倍。一方面，长期对外发动战争使西班牙的经济陷入停滞；另一方面，在西班牙国内大肆实行宗教迫害，建立宗教裁判所，残害非基督教徒，引发了西班牙的灾难。内忧外患下的西班牙根本无法支撑其如此广袤的殖民帝国。

上述西班牙的问题，葡萄牙人样样都有。相对大国西班牙来说，葡萄牙更小更穷。它早就没有这样的能力来继续维持庞大的帝国，于是也迅速走向衰落。

除了两国各自的原因之外，当时诸如英国、法国与荷兰这些国家也纷纷崛起，并且发展出一套比西班牙和葡萄牙更为先进的经济与殖民制度。如英国的财政制度、荷兰的金融制度，以及英、法、荷三国都扶持过的东印度公司。当这些国家没有崛起前，西班牙和葡萄牙还能趁先机发展壮大。然而西欧的国家一个个都想从中分一杯羹，必然会集中更多的人力和物力来挑战西班牙和葡萄牙。

多方面复杂的因素最终推倒了这两个老牌帝国，在重新瓜分世界的同时，新的霸主开始走向世界的最前台。

3. 新航路开辟对中国产生了怎样的影响？

欧洲大约在 1300 年开始了商业革命，两个世纪后，海外探险蔚然成风，西班牙和葡萄牙都想在东方贸易中抢占先机。航海探险以及随之而来的殖民帝国，所产生的后果几乎是难以估价的。首先是，使得以往局限于狭窄范围的地中海贸易扩展为世界性事业，航海大国的商船首次航行于“七大洋”（西方人的习惯说法）；其次是，商业贸易的数额和消费品的种类大量增长，出现了历史上第一次经济全球化。对于中国而言，影响也是巨大而深远的，一言以蔽之，就是把封闭的“天朝”卷进了全球化贸易浪潮之中。

——樊树志：《晚明大变局》，中华书局 2015 年版，第 83—84 页。

当西欧各国开始探索未知世界的时候，曾经的海上强国中国早已放弃了在海上的拓展。郑和下西洋之后，明朝政府无力也无心再在海域上进行探索。但是诚如樊树志先生所提到的，这一次西方所掀起的新航路开辟使得中国不得不被卷入全球化贸易浪潮之中。在这个过程中，中国受到了冲击，封闭的中国不得不直面正在不断扩大的世界。

◆ **在对外关系上，中国遭受到新的挑战**。

自古以来中原王朝的外患往往来自北方，先西北后东北。然而伴随着新航路的开辟，葡萄牙、西班牙与荷兰的殖民者纷至沓来，在中国南部及东南沿海地区活动日益频繁。1517 年一支葡萄牙舰队就在广州珠江停泊，请求与中国通使经商，结果一无所获。之后葡萄牙人前往东南沿海与海贼王直接相勾结，在双屿岛从事走私，其窝点直到 1547 年方被巡抚闽浙的朱纨彻底捣毁。

之后葡萄牙人开始在广东沿海附近活动，从 1553 年开始，葡萄牙人在澳门搭建房屋，营造村落，澳门逐渐成为葡萄牙人在中国最重要的居留地。经过数年发展，澳门成为重要的贸易枢纽，借助澳门，葡萄牙人控制了葡萄牙—印度—中国—日本的贸易航线，大量生丝、丝织品、棉布和瓷器在这条航线上运输。

澳门被葡萄牙人率先占据，之后的西班牙与荷兰则把目光放到了台湾岛上。两国分别占据了台湾岛的南部和北部。明朝末年，西班牙被荷兰击败，退出台湾。荷兰同样与葡萄牙人进行了长期的战争。凭借着东印度公司，荷兰在 16 世纪到 17 世纪的 40 年代几乎独占了东方的商业大权。

基于强大的实力对比，西方殖民势力更多的是在商业贸易上做文章，很少与明清政权硬碰硬，这也在一定程度上避免了直接交锋。面对西方列强的入侵，中国政府并非一无所知，从中央到地方始终保持着高度的警觉。

◆ **在经济贸易上，中国面临着新的机遇**。

有人估计，1570—1649 年，经由马尼拉流入中国的白银，累计高达 6322.8 万两。好在西班牙在美洲的殖民地盛产白银。据学者的估计，每年有 15 吨白银从阿卡普尔科通过大帆船运到马尼拉，绝大多数从马尼拉流入中国。

丝绸与白银，横亘亚洲、美洲和欧洲的贸易，构成 16 至 17 世纪全球历史的一道风景。

——葛兆光：《从中国出发的全球史》，
云南人民出版社 2024 年版，第 455 页。

1545 年，西班牙人在秘鲁的波托西发现了当时储藏量世界第一的银矿，同时他们在秘鲁的万卡韦利卡发现了一座水银矿。利用水银提炼白银的技术帮助西班牙获取了大量的白银。西班牙人需要用这么多白银来换取他们感兴趣的东西。当时的中国伴随商品经济的发展，也需要大量的白银。最终，西班牙船队满载着从美洲掠夺而来的白银，在马尼拉与中国商人或当地华商交换瓷器、丝织品以及茶叶，然后再返回墨西哥，如此循环往复。

在这样的循环往复之中，中国凭借着瓷器和丝绸生产的优势，在与西方各国的贸易中始终处于顺差。巨额的白银从美洲流到了中国，至于究竟有多少白银流入中国，因为各种材料和统计手段的差异，并没有一个确切的数量。全汉昇先生在其论文《明清间美洲白银的输入中国》中经过精确的分析，提出16到18世纪美洲白银的1/2都被运到了中国。德国著名历史学家贡德·弗兰克在其名著《白银资本》中则提出，当时中国占有了世界白银产量的1/4~1/3。

> 也就是说，在这一百多年（16世纪至17世纪中叶）中，有3亿两白银货币流入中国，大体相当于国库税银收入的总和。贸易力量之巨大，令人叹为观止！
>
> ——樊树志：《晚明大变局》，中华书局2015年版，第142页。

巨额白银的流入刺激了东南沿海商品经济的繁荣，促进了当时中国各类手工业，特别是丝织和棉纺织业的进步，由此引发了晚明时期江南地区市镇发展，造就了一派繁荣的景象。

◆ **在思想文化上，中国与西方碰撞交融**。

通过新航路，各种文化之间的交流日益密切，程度日渐加深。在这个交流的过程中，耶稣会有着独特的地位。

在宗教改革的时代大背景下，1534年西班牙贵族依纳爵·罗耀拉创立了耶稣会。耶稣会希望恢复教廷的神圣性，他们不光要捍卫自己的信仰，更是鼓励向年轻人、向世界其他地方传播他们的信仰。耶稣会主张传教要“入乡随俗”，要用“宽容的精神”来处理同他人、社会与文化的关系。耶稣会中的成员大多具有高尚的品德与丰富的学识。

> 应该说，大航海所开启的全球化进程，客观上促进不同区域之间文化的交流。传统中国曾经有人努力想要拒绝与世界接触，但最终还是得开门接纳，而进入中国的思想也因地制宜地发生变化，就像将中国放在世界地图的中心一样，双方都有变化，这就是全球化的力量。而沙勿略、利玛窦、艾儒

略就是这全球化当中的重要媒介，他们把同时期欧洲由于大航海所发展起来的新世界理念传播到东方，给中国带来深远的影响。

——葛兆光：《从中国出发的全球史》，
云南人民出版社 2024 年版，第 1130—1131 页。

从 1552 年沙勿略登陆上川岛开始，在之后约 170 年时间里，耶稣会传教士们前赴后继往来于中国与欧洲之间。他们很好地执行了耶稣会对外传教的宗旨。入乡随俗积极融入当地社会，善于经营上层关系，游走于士大夫与皇帝之间。在尊重当地文化的基础上传播教义，不经意间将西方文艺复兴时期开始形成的各类科学文化知识慢慢传入中国。传教士们将世界介绍给中国，从此国人得以了解世界原来并不是天圆地方。他们将天文、地理和数学等科学传授给中国人，让徐光启、李之藻这样的先进知识分子了解中西方的差异，种下了学习的种子。

同时，他们也将中国介绍给了欧洲，传统的儒家思想、中国的戏剧文化、明清的政治制度等也促进了西欧对中国新的认识，为中国蒙上了一层滤镜，掩盖了中国社会所存在的各种问题，让西方对中国更为神往。

当然我们不得不指出的是，耶稣会传教士来华最重要而且始终不变的目的是传播基督教的教义，文化上的交流往往只是传播宗教的副产品，中国传统儒家思想依然占据主导地位并不容外人所觊觎。清政府也时刻关注罗马教廷对中国传教的指示与影响。一旦当宗教传播与中国传统文化形成矛盾的时候，西学如缕不绝的传播便暂时画上了一个句号。

线索二　全球联系的初步建立

1. 早期殖民扩张是如何推动资本主义发展的?

美洲的发现、绕过非洲的航行，给新兴的资产阶级开辟了新天地。东印度和中国的市场、美洲的殖民化、对殖民地的贸易、交换手段和一般商品的增加，使商业、航海业和工业空前高涨，因而使正在崩溃的封建社会内部的革命因素迅速发展。

——［德］马克思、［德］恩格斯《共产党宣言》，
《马克思恩格斯文集》第二卷，转引自《中外历史纲要（下）》
第三单元第 7 课“探究与拓展”栏目。

全球航路的开辟促进了东西方贸易的往来，更为重要的是伴随美洲的发现，

西欧国家纷至沓来，对当地进行殖民，加速了资本原始积累。在这过程中，商业革命和价格革命的发展进一步增加了资产阶级的实力，同时也大大削弱了封建领主的地位，推动了资本主义的发展。

◆ **“商业革命”与“价格革命”**。

在国外研究中，“商业革命”与“价格革命”并非新航路开辟后突然出现的新鲜事，早在中古时期就已经存在着这样的经济变化。

> 洛佩斯提出的所谓“中世纪的商业革命”，指的是约950—1350年的400年间西欧商业贸易迅速发展，并在商业运行模式上出现一系列创新。
>
> ……
>
> 他的依据是：中世纪以前的所有发展阶段都要碰到天花板，即使中世纪穆斯林的工商业也是这样，他们在扩张时期虽然向商人和手工业者展示了广阔的前景，但他们未能为城市带来自由和权力，而这是他们进一步发展所不可缺少的，结果在军事和土地贵族强有力的控制下，他们的商业发展动力消失了，失败了。在这段时期内，只有西欧，“在历史上第一次成功地发展起一种低度发达的（underdeveloped）社会”，而且这种发展“大半是靠自己的努力”。其特点是：虽然增长速度不是很快，但它“完全是不可逆转的”，在“一千年间实际上为不间断的增长创造了不可替代的物质和道德条件，而且以不止一种方式仍与我们共存。”由此，他认为“欧洲的商业革命是一种独一无二的现象”，是中世纪经济的“伟大转折点”。
>
> ——侯建新主编，王加丰：《欧洲文明进程·贸易扩张卷》，商务印书馆2023年版，第38—39页。

洛佩斯所提出的“商业革命”的概念更多是相对于古代欧洲与伊斯兰世界，西欧社会在中古时期后期商业上所出现的新的现象和要素，这些现象中已经具备了现代发展的特点。但同时，“中世纪的商业革命”依然还是欧洲的内部的经济活动，如果说有新特点的话，可能是其活动范围进一步扩张到了大西洋中的一些群岛，比如加纳利、马德拉、亚速尔等。这种范围的扩大也为之后西欧在新航路开辟后对美洲和亚洲的扩张奠定了基础。

简单来说，价格革命就是我们所熟悉的“通货膨胀”。

> 研究费尔普斯—布朗—霍普金斯的指数和其他类似资料后，我们会发现：过去八个世纪中最严重的通胀，发生在四次物价暴涨的巨浪中。第一次

浪潮从 12 世纪末持续到 14 世纪初，被称为“中世纪价格革命”。第二次是我们耳熟能详的“16 世纪价格革命”，它实际上发端于 15 世纪，并终结于 17 世纪中期。

——［美］大卫·哈克特·费舍尔：《价格革命——一部全新的世界史》，X. Li 译，广西师范大学出版社 2021 年版，第 9 页。

从中我们发现，其实价格革命早已有之。回望中古时期的价格革命，结合它所发生的时代，我们能够发现这次物价的大涨是中古时期欧洲逐渐稳定，人口不断增长进而对各种能源、食品等物资的需求不断增加所导致的。价格革命在以传统农业为主的社会引发了动荡与危机，乱局在整个欧洲展开，直到 15 世纪，欧洲的经济条件才开始趋于稳定，物价开始下跌。

从专业研究中我们发现，“价格革命”与“商业革命”早已在欧洲出现。商业革命通常与贸易的发展息息相关，而价格革命通常与物价水平紧密联系。这两场革命同时在新航路开辟后出现，它对旧世界产生了前所未有的冲击。

◆ **“商业革命”与“价格革命”撬动旧世界的秩序。**

就商业革命而言，“地理大发现”进一步导致西欧社会经济发生剧烈变动，传统模式逐渐衰落，新的变革应运而生。

新航路的开辟使西欧商业经济发生了重大变革。贸易范围从地中海沿岸扩展至全球，商业经营方式转变，商品种类和数量急剧增加。意大利城市在东方贸易中的垄断地位被打破，世界商业中心转移至大西洋沿岸，并继续在大西洋内部转移，最终到达英国。

“商业革命”不仅调整了国际贸易格局，还转移了国际经济财富和国家间政治权力。随着财富转移，伊比利亚半岛国家崛起，尼德兰后来居上，成为海上强国，而英国则成为最终获利者。

这场革命在欧洲国家间引发了激烈的商业竞争，并导致了对海洋控制权的激烈争夺。为应对这一局势，各国相继采取了“重商主义”政策，使得原本的商业竞争逐渐升级为军事竞争。为了持续获取并扩大资源，各国纷纷加强了对外掠夺的力度，不断提升军事实力，积极参与国际竞争。这种长期且大规模的战争环境，对西欧各国国家制度的建立和完善起到了催化作用。战争带来的需求推动了国家税收制度和行政系统的扩展，使得国家能够更有效地榨取人民的资源。同时，战争也促进了民主制度的建立和巩固，国民因此获得了更多的权利。

战争削弱了教皇权力，加强了宗教信仰自由和民族认同。促进了欧洲民族国家的形成。在《威斯特伐里亚和约》签订后，国家领土、主权与独立等原则得到国际公认，民族国家成为西欧的普遍现象。

就价格革命而言，以西班牙作为主要研究对象，我们会发现。在地理大发现之后，欧洲市场迎来了大量贵金属的涌入。

在地理大发现之后，大量贵金属流入欧洲市场。据统计，西班牙殖民者每年从美洲掠走黄金5千5百公斤，白银24万6千公斤。16世纪葡萄牙殖民者从非洲掠走了27万6千公斤黄金。再者16~17世纪欧洲人口进入快速增长期。这些因素加剧了欧洲各国的货币贬值、通货膨胀，即“价格革命”。

——韩永飞：《西欧民族国家的动力：“商业革命”和“价格革命”》，《剑南文学（经典教苑）》2022年第12期，第213—214页。

“价格革命”引发了欧洲国家内部财富的转移和重新分配。封建土地所有制和地主贵族因此衰落，因为单位货币价值下降，而地主仍按传统方式收取定额货币地租，导致他们的实际收入减少。长期的价格上涨使地主逐渐走向破产。物价的上涨促使商业资产者雇佣更多廉价劳动力，以生产更多产品和获取更多利润，手工工场主和商品经营者成为最大受益者，新兴资产阶级队伍逐渐壮大。雇佣工人的实际工资增长无法跟上生活必需品，如粮食价格的上涨，使他们陷入贫困。在英国，圈地运动更是创造了一大批破产农民和无产者。这些无产者成为资本主义发展中必不可少的“自由劳动力”。

随着世界贸易的扩大，货币在欧洲国家间充分流动，“价格革命”在欧洲成为普遍现象。这场革命瓦解了封建制度和自然经济模式，促进了工商业中资本主义关系的发展，并导致了西欧国家经济结构和阶级关系的变化。“价格革命”实际上为欧洲资本主义的发展解决了第一要素——资本原始积累。

◆ **有关价格革命的一些余论。**

当然世界历史的研究是在不断发展的，对于价格革命的认识随着资料的不断增加，分析手段的不断发展，各种理论也在时时发生调整。关于金银大量输入欧洲与价格革命的关系，有的作者就认为传统观点是需要修正的，但并不是全然摒弃，固然这两者之间是存在着紧密的联系，但前者并非后者产生的根本原因。

美洲的财富不可能是引发一场价格革命的初始原因。价格上涨早在1480年就开始了，比美洲金银运到欧洲早了许多年。英格兰和德意志在美洲白银影响其经济之前的五十年，物价就几乎已经翻了一番。

再者，美洲财富流入的主要波动，在空间和时间上跟价格的变动都无关联。在西班牙，美洲财富的影响力相对较大，但这里的物价上涨速度却比欧洲其他地方要慢。况且，西班牙物价最大幅度的上涨发生在16世纪上半叶，而不是受美洲财富影响最大的16世纪下半叶。

——［美］大卫·哈克特·费舍尔：《价格革命——一部全新的世界史》，X. Li译，广西师范大学出版社2021年版，第90—91页。

2. 重商主义和特许公司在殖民扩张中承担了怎么的角色？

新航路开辟的一个最重要的原因就是寻找金银等贵金属。要获得金银，除了采取简单粗暴的暴力行径，剩下的就是通过扩展对外贸易来获得。

（重商主义是）17—18世纪末盛行于欧洲的经济理论，主张通过鼓励产品出口和原料进口及限制产品进口等办法使国家获得富强。

——［英］杰拉德·豪厄特：《世界历史辞典》（简本），马加瑞等译，商务印书馆1988年版，第238页。

基于这样的一种理论，一些欧洲新兴的民族国家出于发展本国经济的需要，积极推动重商主义以获取更多的贵金属。对外方面，在工业革命前，欧洲列强要从商品贸易中获得优势，就只能寄希望于通过国家行为，占据更多的殖民地并垄断当地贸易，积极扩大出口。如果遇到与其他殖民国家产生矛盾，甚至有必要通过武力来解决。对内，主张在建立一个强大的中央政府的基础上，全面贯彻重商主义政策，同时积极反对一切阻碍国内商品流通的限制，比如关卡与各种税收。

在殖民扩张时期，重商主义是列强对外殖民的基本理论和政策。基于这样的理论和对外政策，一种由国家所主导的垄断贸易公司应运而生，这就是特许公司。

它由一国的行政当局授予特许状，享有一定的权利（或特权），也担负一定的义务。特许状中规定了这些权利（或特权）、义务及行使权利、义务的地区范围。一般，特许状还授予公司在其经营范围内享有独占权。

——《简明不列颠百科全书》编辑部编译：《简明不列颠百科全书》，中国大百科全书出版社1985年版，第7卷“特许公司”条目。

特许公司最早产生于意大利，伴随殖民竞争的加剧。诸多商人寄希望于通过股份公司形式增强力量化解风险。同时殖民国家也希望能用一种更为灵活的方式来实施国家的意志，进而加强殖民统治。

> 殖民制度大大地促进了贸易和航运的发展。“垄断公司”是资本积聚的强有力的手段。殖民地为迅速产生的工场手工业保证了销售市场以及由市场垄断所引起的成倍积累。在欧洲以外直接靠掠夺、奴役和杀人越货而夺得的财宝，源源流入宗主国，在这里转化为资本。
>
> ——［德］马克思：《资本论》，《马克思恩格斯文集》第五卷，转引自《中外历史纲要（下）》第三单元第 7 课“探究与拓展”栏目。

1600 年，127 个伦敦商人共同出资 7.2 万英镑，成立了英国东印度公司。当年 12 月 31 日，女王向他们颁布了特许证。从这份特许证中我们发现伊丽莎白一世女王给予了东印度公司以国家名义进行贸易、享有贸易独占垄断权。

> （东印度公司）是一个具有法人和政治地位的团体，在任何时候都是以伦敦公司和印度总督的名义在印度群岛进行贸易。……东印度公司及其后继者有权在 15 年的任期内，享有完全独占东印度贸易的自由和特权。
>
> ——《伊丽莎白女王授予东印度公司的特许证》（1600 年 12 月 31 日）

这些特权使得东印度公司成为英国殖民扩张的急先锋。在当时除了英国之外，荷兰和法国也建立了各自的东印度公司，进行殖民贸易，在亚洲大肆扩张。

> 东印度公司已掌握国家主权。这是一个经济富庶、人口稠密、物产丰富的国度，发展规模已超过法国和西班牙的总和；公司掌控着劳动力市场，手握工业和制造业命脉，拥有 2 000 多万国民；公司年均实际收入可达 500 万至 600 万英镑。公司还有一支多达 5 万人的军队。孟加拉地区年均财政总收入略低于 400 万英镑。若除去一切开销，东印度公司年均可获利 160 万英镑。
>
> ——［英］约翰·麦卡利尔：《印度档案》，顾忆青译，湖南人民出版社 2020 年版，第 258 页。

这个在当年只有五扇窗那么宽的办公室诞生的特许公司，在诞生 169 年后成为一支强大的政治力量，拥有巨大财富和庞大的军队，权力范围辐射大片印度，亚洲的财富源源不断地通过东印度公司的货船运往英国。英国也借助这些财富牢牢把握着海上最强国的地位。

然而为英国制造出巨额财富的东印度公司在 18 世纪却成为英国经济学家口诛笔伐的对象。1776 年，亚当·斯密在《国富论》中对东印度公司进行了辛辣的批判，他指出："像东印度公司这样的垄断企业在所有方面都是有害的，设立此种企业的国家或多或少蒙受了损失，而被统治的人民却遭到了毁灭性的打击。"

为什么当初为英国创造了巨大的财富的东印度公司为何会让国家蒙受损失呢？

如果我们将东印度公司的发展置于当时特定的时代背景下分析，答案就显而易见了。

东印度公司初创时期，面对新兴海上强国荷兰在海上贸易中咄咄逼人的状态，英国人继续高举"重商主义"的旗帜，借助东印度公司与之进行竞争。伴随荷兰逐渐走向衰落，英国东印度公司成为当时亚洲首屈一指的贸易公司，借助国家的政策，它逐渐成为一个超级垄断企业。18 世纪中叶起，工业革命率先发生在英国，当时工业资本家需要东方成为其商品市场和原料产地。他们需要自由贸易，他们把殖民地从增殖商业财富的源泉变成榨取剩余价值的场所。此时东印度公司的垄断贸易则已经落后于时代的发展了。旧有的殖民方式必须批判，要调整。东印度公司的商业活动在 1833 年全面停止。

历史之音

1. 如何辨析全球航路的开辟、新航路的开辟和地理大发现的定义？

在这一单元的学习中，我们会遇到一些专有名词，诸如教材所使用的"全球航路的开辟"，大家所习以为常的"新航路的开辟"，以及一个略有年代感的"地理大发现"。这三者有何区别和联系呢？

首先谈谈区别。大家最熟悉的是"新航路的开辟"，航路是在空中与水上的，这里指的是海上的航路。有新航路，自然就有旧航路。所谓的旧航路，简单来说是人类已知区域之间的水路通道，比如中国对外的海上丝绸之路；新航路，指的是人类未知区域与已知区域间，或是未知区域之间的水上通道。新旧之分是就时序而言的。

而"全球航路"基于"全球史"观念，是就空间而言的。它区别于近代以前的商业贸易和探索的水路。之前的所有航路都仅仅局限在欧亚非三大洲之间，同时都未能产生强有力并持续发展的世界影响。15 世纪之后，伴随人类主观探索世界欲望的进一步发展，人类达到了前所未有的地域，从空间上突破了之前的欧亚非大陆，进而扩张到了全世界。

从以上区别来看，教材中用“全球航路”的说法更加关注的是航路在地域上的发展，所以这一课的三目中既有我们熟悉的新航路，还提到了其他航路，更加全面地介绍了连通各区域之间航路开辟的基本情况。

关于地理大发现，国内一些学者认为美洲、非洲、大洋洲和印第安人、黑人等本身就已经客观存在了，他们并不需要被人来发现，所以地理大发现是欧洲人的观点。正因为如此，地理大发现在最新的著作中出现频率并不高。但是也有学者认为，地理大发现是一种恰当的提法。

> 我们认为，地理大发现和开辟新航路是两个既有联系，又有区别的提法。地理大发现包括三层意思：（一）文明人类抵达了前所未知的陆地和水域；（二）文明人类开辟了到各地区、各海洋去的前所未知或虽已知但未能开通的新航路或新通道；（三）文明人类熟知了前所未知的陆地和水域。可见，开辟新航路只是地理大发现三项内容中的一项，而且只是这项内容中的海上航路，而未包括陆上通道。所以，它不能涵盖地理大发现的全部含义，不宜用它来替代地理大发现。
>
> ——张箭：《地理大发现研究》，商务印书馆2002年版，第22~23页。

2. 曾经领世界风气之先的荷兰何以最终走向衰落？

> 由商品化浪潮推上近代世界经济舞台的荷兰，一度成了西方其他国家争相仿效的模范。其商品经济兴起繁荣的16、17世纪，也因此被后人称为荷兰历史上的“黄金时代”。然而，曾以商品经济发达著称的荷兰，后来却成了西方工业革命的落伍者。接踵黄金时代而来的，是似乎违背常理和显著衰落的所谓“假发时期”。
>
> ——陈勇：《商品经济与荷兰近代化》，
> 武汉大学出版社1990年版，第159页。

众所周知，在全球航路开辟后的世界殖民大潮中，荷兰曾经是海上头号强国。它曾经占据了全球海上贸易总额的3/4，荷兰的殖民地遍布世界各地，阿姆斯特丹成为全球的金融中心，这个曾经的小国成为人们口中的“七海霸主”。然而很快荷兰就被赶下了世界最强国的宝座，非但未能赶上工业化的浪潮，相反，后来成为拿破仑直接控制的国家。

荷兰究竟为何能成为“七海霸主”？最终又为何会成为二流小国呢？

从1568年起，荷兰为了争取独立开展了近80年的战争。虽然最终荷兰获得独立成为第一个资产阶级共和国，但新兴的共和国周边有教会和列强势力环伺，独立战争使荷兰断绝了与欧洲其他国家的贸易，而西班牙又禁止荷兰进入它们的港口，面对如此危机，荷兰人孤注一掷为了生存，他们的船队开始探索殖民地航线，开始了属于荷兰的光荣与梦想。

在探索世界的同时，1602 年，荷兰人创造了一个前所未有的经济组织——由 14 家贸易公司依据出资人的资金额组成联合的一家股份制公司——联合东印度公司，产权分散化和经营权集中化的创举，使其成为现代股份制公司的先导。同年，为了规范股票的转手交易，荷兰在阿姆斯特丹成立了第一个股票交易所，这标志着现代金融市场的形成。1609 年，阿姆斯特丹银行成立，以政府的信用来保证银行的高质量运行。荷兰人通过一系列制度创新，组建了一整套近代金融机构，伴随这些制度的发展与荷兰对外殖民的不断增加，荷兰国力不断上升。

> 早在 16 世纪，巨大的商业广场不是在葡萄牙，而是在荷兰。当时，荷兰人是葡萄牙的重要贸易伙伴，他们运走葡萄牙的盐、葡萄酒和巴西的糖，去换取工业产品、奶酪、铜和布匹。他们也加入了贩运奴隶的贸易。
>
> ——［巴西］博勒斯·福斯托：《巴西简明史》，刘焕卿译，社会科学文献出版社 2006 年版，第 20~21 页。

1660 年，荷兰占据了全球海上贸易的 3/4，欧洲与东方的贸易几乎都掌握在荷兰手中。17 世纪的荷兰资本积累比欧洲各国资本总和还要多。这个原本的低地小国转眼成了引领世界前行的“七海霸主”。

然而从 18 世纪开始，荷兰庞大的商业系统面临了一系列危机，与此同时荷兰与英国、法国进行了长期的战争。伴随战争巨额开支，荷兰的经济迅速恶化，国际地位大幅下滑，海上霸主的地位也被英国所取代。为何这个曾经引领资本主义制度的先行者最终没能继续引领世界呢？

荷兰以贸易立国，虽然拥有大量财富但这些财富始终未能转化为工业发展的资本，虽然荷兰赶上了殖民扩张的潮流，却最终被大量的财富迷失了方向，大多数财富最终都变成了商业投资，造成了金融业的畸形发展，国内的工业除了为金融商业服务外，没有及时实现转型，未能扩大生产与消费，也就没有办法像英国一样从重商主义转为工业立国。

荷兰的大量财富没有促进工业转型，却引发了投机热潮。荷兰人原本的朴实、勤劳和虔诚没有用了，取而代之的是唯利是图、进取的精神渐渐消失，众多荷兰人从事投机活动、证券交易、买空卖空、发放高利贷，掀起了著名的“郁金香泡沫”。人们对这种美丽的花朵进行了疯狂地追逐，最终酿成了金融危机。

> 荷兰的衰落与它必须既重视海上又重视陆上的军事战略不无关系，因为它处在欧洲大陆，与强国为邻，但它太小了，人口太少了，既不可能长期保持一支能在海上与英国竞争的海军，也不可能建立起一支能长期与法国或奥地利抗衡的陆军。近代或现代的历史都告诉我们，没有一支强大的军队，得不到有效保护的商业或远洋贸易必然要萎缩。下面的表格告诉我们，身处大陆的荷兰自觉或不自觉地频繁卷入许多战争，在这种情况下即使它有铁和煤，也未必有能力发动工业革命。
>
> ——侯建新主编，王加丰：《欧洲文明进程·贸易扩张卷》，商务印书馆2023年版，第341—342页。

荷兰之所以没有能继续引领世界还有一个不容忽视的原因，那就是国家实在是太小了，地理位置又处于强国之间，在资本主义的发展过程中，或许能够逞一时之威风，但是从长远来看，小国根本无法支撑起长期的政治争霸和商业竞争所需要的人口和资源以及战略纵深，这一系列的劣势导致荷兰过早地退出了争霸世界的舞台。

第四单元

资本主义制度的确立

第一部分　单元解析

课程标准要求

高中课程标准对本单元的教学要求阐述如下：

通过了解文艺复兴、宗教改革、启蒙运动与资产阶级革命的历史渊源，认识资产阶级革命的发生和资本主义制度的确立，是近代西方政治思想理念的初步实现。

单元主题解读

本单元围绕大标题“资本主义制度的确立”延伸出四个问题。

一是对本单元时空概念的界定。在单元导言的叙述中，时间上从 14 世纪到 19 世纪，从资本主义开始萌芽，历经思想解放运动，之后资产阶级革命或改革陆续在一国家进行；空间上资本主义政治制度从西欧，包括德国、英国和法国等国家逐渐辐射至美国、俄国、日本等非西欧国家。

二是“资本主义制度何以确立?”即“思想解放是社会变革的先导”。指向 14—18 世纪的文艺复兴、宗教改革、科学革命与启蒙运动促进了当时的思想解放，为资产阶级提供了重要的理论依据，推动了资产阶级革命或改革的发生，折射出社会存在与社会意识之间的辩证关系。

三是“资本主义制度如何确立?”即不同国家的资产阶级根据各地政治传统、历史文化等实际情况，通过规模不一、形式迥异的革命或改革先后在部分地区确立起了资本主义制度。

四是“资本主义制度确立的历史意义”，即通过政治体制、法律体系等多方位构建，初步实现了西方政治理念。

在本单元的导言中，还有一点表述值得关注，即“资本主义制度的扩展”。在思想解放运动的引领下，资本主义制度率先在英国、美国和法国确立，并呈现出一种逐步向外扩展的趋势。从时间与空间两个不同维度，基本勾勒出 17—19 世纪资本主义的发展特点。

单元内容结构

本单元包括两课，第 8 课“欧洲的思想解放运动”和第 9 课“资产阶级革命与资本主义制度的确立”，涵盖了 14 世纪至 19 世纪资本主义制度的历史发展脉络。

从整体看，课文内容基本按照时序进行编排。从更深层次看，两课的编排对应了单元导言中“思想解放是社会变革的先导”的逻辑关系。

第 8 课先阐明 14—18 世纪欧洲连续出现的思想解放运动及其历史影响。第一目“文艺复兴”点明由资本主义萌芽催生出的文艺复兴对中古时期欧洲封建秩序与宗教束缚形成的一定冲击；第二目“宗教改革”则指出其自身具备的双重性质，既是一场思想解放运动，也是一场社会改革运动，推动了思想的进一步解放与欧洲资产阶级的发展壮大；第三目“近代科学的兴起”所产生的“理性化思维方式”，对神学笼罩下的世界观与方法论造成强烈冲击；第四目“启蒙运动”以“科学”为明灯，以“理性”为武器，破除宗教狂热与专制统治，为新兴资产阶级建立资本主义政治制度做出理论准备和舆论宣传。教材在论述中也简明扼要地点出了四者之间的关系，即文艺复兴为宗教改革的发生奠定基础，它们的深入发展推动科学革命，最终酝酿而成启蒙运动。

第 9 课在思想引领的基础上，概述各国发生的资产阶级革命或改革，并在这部分内容的具体撰写上凸显了“资本主义的扩展”这一阶段性特点。第一目“英、美、法资产阶级革命”介绍伴随国内资本主义的发展，英国、美国和法国通过革命率先确立资本主义政治制度，其中尤其关注法国大革命将资产阶级革命原则、资本主义法律体系等传播到其他国家、地区的客观影响；第二目“资本主义制度的确立”对“资本主义制度”这一概念的内涵进行简单阐释，并以英国和美国为代表介绍君主立宪制与共和制；第三目“资本主义的扩展”介绍俄国农奴制改革、美国南北战争、意大利与德意志统一以及日本明治维新，体现资本主义于19世纪中期在全球范围内的扩展态势。

核心素养水平建议

（1）能够基本了解14—19世纪资本主义制度的历史发展脉络，并能运用唯物史观的相关理论，如社会存在与社会意识、经济基础与上层建筑的关系来解释这一阶段历史发展的进程。

（2）能够将14—19世纪的资本主义发展史置于资本主义世界体系建立的宏观视野下去思考，从而认识资产阶级革命的发生和资本主义制度的确立，实践了近代西方政治思想理念。

（3）能够通过释读相关史料理解西方人文主义的内涵，了解文艺复兴、宗教改革、启蒙运动与资产阶级革命的历史渊源，知道资产阶级革命与资本主义制度确立之间的相互关系。

（4）能够在充分占有史料的基础上，认识从专制到民主、由人治到法治是历史发展的必然趋势，了解资本主义制度的实质，从动机与结果、主观与客观等角度正确认识资本主义制度。

（5）能够充分体会符合历史潮流与社会实际需求的改革是推动社会发展的强劲力量，理解资本主义制度的历史进步性和时代局限性。

第二部分　教材比较

与初中课程标准、教材比较

《中外历史纲要（下）》第四单元文本内容是《世界历史第一册》中的第五单元“走向近代”中第14课“文艺复兴运动”、第六单元“资本主义制度的初步确立”和《世界历史第二册》① 第一单元“殖民地人民的反抗与资本主义制度的扩展”的延伸，两者既有共性又有差异。

---

① 教育部组织编写：《义务制教育教科书（五四学制）世界历史　第二册》，人民教育出版社2019年版。以下简称《世界历史第二册》。

1. 课程标准相关内容表述

课程标准相关内容表述对比见表 4－1。

表 4－1 课程标准相关内容表述对比（第四单元）

初中课程标准	高中课程标准
1. 通过了解欧洲兴起的文艺复兴运动及其代表人物和作品，如《神曲》、莎士比亚的戏剧，初步理解“人文主义”的发展及其对人的思想解放的意义； 2. 知道英国 1640 年革命、美国独立战争和法国大革命的进程，了解《权利法案》《独立宣言》、1787 年宪法和《人权宣言》《拿破仑法典》等文献的主要内容，初步认识这些资产阶级革命的历史意义； 3. 通过了解美国内战、日本明治维新、俄国 1861 年改革等史事，初步认识资本主义世界体系的形成； 4. 通过了解牛顿、达尔文、巴尔扎克、贝多芬等人的成就，初步理解科学和文化在近代社会发展中的重要作用	通过了解文艺复兴、宗教改革、启蒙运动与资产阶级革命的历史渊源，认识资产阶级革命的发生和资本主义制度的确立，是近代西方政治思想理念的初步实现

初中课程标准对了解文艺复兴的代表人物和作品、资产阶级革命的相关史事、近代科学成就等内容提出了具体且明确的要求，要求学生初步认识这些史事的意义。相较于初中课程标准，高中课程标准更侧重从整体把握思想文化运动与资产阶级革命之间的关系，从资本主义制度的确立这一角度理解世界近代历史的发展脉络之一。

2. 教材相关单元、课、目编排

教材相关单元、课、目编排对比见表 4－2。

表 4－2 教材相关单元、课、目编排对比（第四单元）

《世界历史第一册》		《中外历史纲要（下）》	
第五单元　走向近代 第六单元　资本主义制度的初步确立		第四单元　资本主义制度的确立	
第 14 课 文艺复兴运动	文艺复兴	第 8 课 欧洲的思想解放运动	文艺复兴
	但丁		
	达·芬奇		

（续表）

《世界历史第一册》		《中外历史纲要（下）》	
	莎士比亚		
第 17 课 君主立宪制的英国	议会与王权的斗争	第 9 课 资产阶级革命与资本主义制度的确立	英、美、法资产阶级革命 资本主义制度的确立
	革命的发生		
	《权利法案》		
第 18 课 美国的独立	独立战争的序幕		
	华盛顿与独立战争		
	《独立宣言》与美国宪法		
第 19 课 法国大革命和拿破仑帝国	旧制度的危机		
	法国大革命		
	拿破仑帝国		
《世界历史第二册》		**《中外历史纲要（下）》**	
第一单元　殖民地人民的反抗与资本主义制度的扩展 第二单元　第二次工业革命和近代科学文化		第四单元　资本主义制度的确立	
第 2 课 俄国的改革	彼得一世改革	第 9 课 资产阶级革命与资本主义制度的确立	资本主义制度的扩展
	废除农奴制		
第 3 课 美国内战	南北矛盾的加剧		
	内战爆发		
	北方的胜利		
第 4 课 日本明治维新	德川幕府与锁国时代		
	倒幕运动		
	明治维新		
第 7 课 近代科学与文化	科学家	第 8 课 欧洲的思想解放运动	近代科学的兴起

◆ 从内容编排看，《世界历史第一册》第五单元“走向近代”、第六单元“资本主义制度的初步确立”相关课文共 4 课时，聚焦文艺复兴运动和早期资产阶级革命；《世界历史第二册》第一单元“殖民地人民的反抗与资本主义制度的

扩展”、第二单元“第二次工业革命和近代科学文化”中相关课文共4课时，聚焦资本主义制度在世界范围内的扩展和近代科学的发展，总计8课时。《中外历史纲要（下）》第四单元“资本主义制度的确立”共2课时，单元主题不仅围绕资本主义世界发展的重要史事，更侧重于从“思想解放运动”和“资产阶级革命（改革）”这两个维度出发，从联系的角度更深层次地分析西方资本主义制度确立的过程与历史意义。

◆ 就知识点而言，《中外历史纲要（下）》第四单元相较于《世界历史第一册》第五单元第14课、第六单元以及《世界历史第二册》第一单元、第二单元第7课而言，新增的知识点大致有：宗教改革（《中国历史第一册》第17课中相关史事有简单提及）、启蒙运动（《中国历史第一册》第19课相关史事有概述）、意大利和德意志的统一与资本主义制度的建立等。《世界历史第一册》第五单元第14课中文艺复兴运动的具体代表人物和作品、早期资产阶级革命的具体过程、沙俄的彼得一世改革、日本的幕府时代和倒幕运动等内容在《中外历史纲要（下）》第四单元中不再重复详细讲述。

◆ 从行文表述上看，需要特别指出下列方面。

对文艺复兴运动的评价，《世界历史第一册》表述为“推动了欧洲文化思想领域的繁荣，为欧洲资本主义社会的产生和发展奠定了思想文化基础”。《中外历史纲要（下）》表述为“文艺复兴在一定程度上冲击了封建秩序，解放了长期被宗教戒律压抑和禁锢的人性，使人们开始更多地关注人本身与现世世界”。其中提到了“冲击封建秩序”“解放人性”，与下目“宗教改革进一步解放了人们的思想，传播和发展了人文主义”“启蒙运动进一步解放了人们的思想，为资本主义制度的建立作了理论准备和舆论宣传”的表述相呼应，突出体现了欧洲思想解放运动与资产阶级革命之间的历史联系与历史渊源，有助于学生理解“思想解放是社会变革的先导”。

对近代科学的说明，《世界历史第二册》表述为“在此期间（与两次工业革命相联系），近代科学文化也进一步走向繁荣”。《中外历史纲要（下）》对“科学革命”进行了定义，表述为“科学革命促进了思想解放和社会进步”，更侧重于近代科学发展对资本主义世界起到的思想解放的作用。

与华师大版高中教材比较

《中外历史纲要（下）》第四单元文本内容与华师大版相关内容在编排、详略、表述等方面存在较大差异，涉及华师大版《高中历史第四分册》第一单元第4课、第二单元和第五单元的第14~17课。

◆ 从内容编排看，华师大版《高中历史第四分册》相关文本内容基本按照时序以“一课一事件”的模式进行编写，并对其起承转合作了详细介绍，有助于学生对14—19世纪资本主义制度确立过程中发生的重大历史事件形成清晰的认识。《中外历史纲要（下）》第四单元则在时序的框架下围绕“资本主义制度的建立”这一大标题展开，概要性地叙述了相关历史事件，有助于学生认识这一阶段历史进程背后的因果逻辑与发展趋势，更深刻地理解社会存在与社会意识、经济基础与上层建筑之间的辩证关系，并从整体上正确把握、认识资本主义发展史。

◆ 就知识点而言，相较于华师大版《高中历史第四分册》的相关文本内容，《中外历史纲要（下）》第四单元新增知识点大致有人文主义的内涵、文艺复兴的代表人物（“文学三杰”“美术三杰”）、15世纪文艺复兴的扩展、文艺复兴的影响、近代科学的兴起、英国的休谟与亚当·斯密、德国的康德在启蒙运动中的作用、资本主义制度的实质与政党制度、意大利统一、日本《明治宪法》、对资本主义制度的评价等。

◆ 从行文表述看，需要特别指出下列方面。

关于文艺复兴的定性。华师大版《高中历史第四分册》认为它是一场“反封建、反教会的思想文化运动”。《中外历史纲要（下）》则界定为“14世纪到17世纪初发生在欧洲的宣扬新思想的新文化运动”，关注到其“符合新兴资产阶级需要”的实质。

关于宗教改革的影响。华师大版《高中历史第四分册》称其“是西欧新兴资产阶级反对封建制度的社会改革运动”，强调宗教改革对旧有社会秩序的打破，如“动摇了西欧封建统治的基础”等。《中外历史纲要（下）》将这部分内容置于第8课《欧洲的思想解放运动》下，更关注它对思想解放起到的作用，如“传播和发展了人文主义”等。

关于启蒙运动的影响。华师大版《高中历史第四分册》重点叙述它对资产阶级革命与资本主义国家的作用，表述为“从各个方面向封建势力发起猛烈冲击，……为即将到来的美、法等国的资产阶级革命提供了理论依据，进行了舆论动员，也为资本主义国家提供了系统的政治构想”。《中外历史纲要（下）》在此基础上，增补了启蒙思想的传播对其他国家的积极影响，认为“启蒙思想也成为殖民地半殖民地人民争取民族独立的精神武器”，为后续“世界殖民体系的瓦解”这一专题埋下伏笔。

对于资产阶级革命与改革的评价。《高中历史第四分册》按国别来评价各国资产阶级革命或改革。对于早期英、美、法三国的资产阶级革命，更强调它们的积极意义，对于19世纪60年代发生的美、德、俄、日等国家的资产阶级改革，多持辩证看法，在认同其对历史发展积极作用的同时，也指出“在此基础上强化了军国主义传统，对德国历史发展产生了消极影响”。《中外历史纲要（下）》同样以国别、阶段为分类标准作具体展开，增加了阶段性与总体性评述，认为早期资产阶级革命“沉重打击了封建制度，为资本主义制度的确立创造了条件”，借助资产阶级革命或改革建立起资本主义制度的国家“生产力得到快速发展”，但同时“大肆推行殖民扩张政策，把亚非拉广大地区变成殖民地或半殖民地，进行压榨和掠夺”，强调革命与改革对社会进步的积极作用，并横向联系世界其他地区的发展情况，培养学生形成全面的观察视野和客观分析问题的能力。

第三部分　核心问题释读

线索一　西方人文主义的产生与发展

1.“人文主义”的内涵是如何发展的？

人文主义（humanism）一词源自于拉丁文 humanitas，是古罗马哲学家西塞罗为希腊文 enkykliapaideia（即英文 encyclopaedia）找到的拉丁文对译词，意为“全面教育”或“人文学科的教育”。

在古希腊人的观念中，教育可以用来塑造人的个性，也可以用来发展人的全面性：通过教授“七艺”（包含文法、修辞、逻辑、算数、几何、天文、音乐在内，亦称人文学科）中系统的知识与论辩技巧，将人培养为能够积极参与公共事务的人。

尽管在历史的长河中，古希腊城邦先后被马其顿帝国和罗马帝国所征服和吞并，但它优越的文化却伴随战争传播到西亚、中亚，乃至影响中国。古罗马人成了其中重要的继承者，他们同古希腊人一样，需要借助文科的全面教育，塑造出能在议会和法院里发表精彩演讲的角色。

处于中世纪晚期的欧洲人在古希腊罗马时期流传下来的典籍中感受到了此种理念，面对抑制欲望的宗教约束和追求财富的社会风气，开始为寻求自身现世幸福的权利而发声。

现有历史教科书通常在叙述文艺复兴的内核时论及“人文主义”，并强调它具备的世俗性质。这使得多数教师与学生会持有一种潜在观点，即人文主义是在14—17世纪的欧洲基于古希腊罗马思想传承而产生的一种反封建观念，正如《辞海》对其下的定义：

> 欧洲文艺复兴时期代表新兴资产阶级文化的主要思潮。有两方面的含义：(1) 指与中世纪神学不同的、以人与自然为对象的世俗文化的研究。(2) 指贯穿于资产阶级文化中的一种基本的价值理想和哲学观念，即资产阶级的人性论和人道主义。它强调以人为“主体”和中心，要求尊重人的本质、人的利益、人的需要、人的多种创造和发展的可能性。人文主义作为一种思潮，其主流是市民阶层反封建、反中世纪神学和禁欲主义的新文化运动。
>
> ——辞海编辑委员会：《辞海（第七版）》缩印本，上海辞书出版社2022年版，第1864页。

实际上，根据目前的学术研究，在15世纪末，欧洲人开始将讲授人文学、研究人文学的学者称之为“人文主义者”，可见，“人文主义”并非文艺复兴时期的思想家对他们观点的自称，而是启蒙时代的后人对这种特定文化现象的主观概括，且随着时间推移，其内涵也在不断发生变化。

简单来说，文艺复兴时期，“人文主义者”的身份往往是大学里讲授人文学科的教师，他们在思想领域都偏好古典文化，尤其是古希腊和罗马时期的内容，同时注重人身心的全面发展。从这一角度而言，他们的思想倾向非常接近于拉丁文 humanitas 的原意。在政治领域，他们则十分强调个体在世俗的自由权利问题，并在实践中积极为捍卫公民的自由权利而努力。

至17、18世纪的启蒙时代，文艺复兴时期的“人文主义”与当时各种新思潮交汇、交融，由此产生了理性主义、新古典主义、浪漫主义等衍生观点。崇尚理性、自由的思想家们依然赞赏前代文化人身上所呈现的注重世俗性等特点。在政治领域，启蒙学者有了新的见解，他们借助各种描述人与国家关系的契约学说，从讨论人的自由权利问题上升到如何确立人的政治主体地位。

综上所述，“人文主义”的提出体现了后人对西方文艺复兴时期历史的看法，它的内涵随时代变迁，也反映出不同阶段的现实情况对“人文主义”存在特定预期和要求，其本质是一个动态变化的概念，但它也始终将处于世俗的“人”作为思考万事万物的尺度，提倡用现实和历史的眼光去审视人与社会的关系，既有对古希腊罗马理念的传承，也有对中世纪奉宗教为圭臬思想的突破。

2. 文艺复兴只是西方古典文化的“再生”吗?

基于上述两个问题的延伸，14—17世纪的欧洲文艺复兴运动虽以“复兴”为名，看似是古希腊罗马时期古典文化的复炽，实质是资本主义萌芽与发展之下，新兴资产阶级为实现自身诉求、维护已方利益，向封建教会发起挑战的新文化、新思想。

当时人文主义者对于古典文化的偏好带有明显的时代烙印。

> 人文主义者对柏拉图主义的复兴只是一种表面文章，他们在柏拉图哲学的外壳下塞进了大量的自然和人性的内容。从时代精神的角度来看，文艺复兴和人文主义的哲学基础既不是深奥的亚里士多德主义，也不是神秘的柏拉图主义，而是感性的伊壁鸠鲁主义，这种主张追求现世幸福的伊壁鸠鲁主义尤其适合意大利人热情奔放的自由个性和才华横溢的艺术天才。
>
> ——邓晓芒、赵林:《西方哲学史》，高等教育出版社2005年版，第122页。

尤其当我们关注那一时期作品的形式、题裁与内容等，更能从中窥见，文艺复兴绝非西方古典文化的“再生”，而是自中世纪延伸的文化“重塑”。

在那个时期，人文学者们在自己的创作中，面对基督教神学中尊神抑人的教义，有意无意地借鉴了城市文学的表现形式与主题内容，巧妙运用了城市文学中讽刺与批判的手法。他们极力颂扬人的尊贵、尊严以及个性的释放，将这些作为利器，旨在打破封建神学与教会的重重束缚，努力为人在现实世界中的成长与发展开拓更为广阔的空间。

3. 如何看待文艺复兴、宗教改革、科学革命与启蒙运动之间的关系？

教科书按“文艺复兴”“宗教改革”“近代科学的兴起”“启蒙运动”4个子目进行编写，既是以它们发生的时间顺序为轴，同时也呈现了递进的逻辑关系。

文艺复兴宣扬的人文主义，区别于中世纪将人作为上帝创造、拯救和审判的对象，而是以人为中心，强调人自我的创造力，促使人们以一种新的方式去理解神学和教会。与此同时，人文主义者不仅研究古希腊罗马时期的文学、哲学，也关注以欧几里得、阿基米德为代表的自然科学，为此后科学的兴起埋下伏笔。

宗教改革正是在这样的环境中发展起来的。欧洲宗教改革的发起人和主要组织者绝大多数都是深受文艺复兴影响的人文主义者，他们的宗教观直接影响了宗教改革的性质和进程。

> 德国文艺复兴运动还特别注重宗教问题的研究，结出了独具一格的基督教人文主义硕果。这些基督教人文学者不畏教皇和教会的权势，无情地揭露和批判他们的许多欺诈行为，……显然，……先行的文艺复兴运动启蒙了德国人民的觉悟，并把他们愤怒的矛头引向了宗教，为宗教改革铺平了道路，极大地推动了宗教改革运动的到来。
>
> ——朱婷、郑祖铤：《文艺复兴对德国宗教改革的推动》，《内蒙古农业大学学报》（社会科学版）2004年第4期，第126页。

宗教改革的先驱马丁·路德正是成长于德国新式世俗性学校教育的土壤中，从而对中世纪基督教教义进行反思，提出了蕴含平等意识的“因信称义”。与此同时，宗教改革的产生与发展克服了中世纪基督教在灵魂与肉体、天国与人间、理想与现实之间造成的二元对立，统一了宗教想象与现实生活，如安立甘宗把上帝与“恺撒”合为一体，将国家利益上升到至高无上的地位。基于此，16、17世纪后，科学和宗教、知识和信仰、经验理性和神学规范才能逐渐达成和解。

> 自然科学借以宣布其独立并且好像是重演路德焚烧教谕的革命行动，便是哥白尼那本不朽著作的出版……从此自然科学便开始从神学中解放出来。
>
> ——［德］恩格斯：《自然辩证法》，《马克思恩格斯选集》（第3卷），人民出版社2012年版，第843页。

文艺复兴和宗教改革打破了原本中世纪基督教会一统天下的格局，开创了思想解放和信仰自由的新局面，但仍更多以感性思考为主，重点在于文学艺术风格的更新和宗教生活方式的改革，依旧敬畏权威，只是用古希腊罗马的权威取代了中世纪的权威而已。近代科学的兴起则提高了人们对自然的认知能力和改造现实的能力，用科学的思维方式催生出“理性”。

以英国为例，“科学革命”对启蒙运动在英国的兴起到了巨大的推动作用。

> 如果全部自然界，一切行星，都要服从永恒的定律，而有一个小动物，五尺来高，却可以不把这些定律放在眼中，完全任意地为所欲为，那就太奇怪了！
>
> ——［英］W. C. 丹皮尔，李珩译：《科学史及其与哲学和宗教的关系》，商务印书馆 1979 年版，第 280 页。

自然科学的进步让上帝不再是获取真理的依凭，人们转而相信观察和实验的科学研究方法。理性以及理性背后的科学成为揭示真理的可靠途径，由此开创了一个对权威充满强烈怀疑、批判的理性反思的时代，推动了欧洲思想解放运动的高潮——启蒙运动的出现与深化。

当然，我们绝不能将文艺复兴、宗教改革、近代科学的兴起与启蒙运动之间理解为简单的线性因果关系，应该将之理解为近代以来人文精神在赓续发展中交互、迭代，最终产生于 18 世纪末 19 世纪初的“新人文主义”，就是在历经宗教改革、近代科学的兴起与启蒙运动的洗礼后，对文艺复兴时期“人文主义”的延伸与拓展。

线索二 资本主义制度的确立

1. 如何看待西方人文主义与资产阶级革命或改革之间的关系？

欧洲资本主义的萌芽与发展推动了西方人文主义的产生与迭代，反之，西方人文主义为资本主义制度的建立与扩张提供了合理依据。

高扬人文主义的文艺复兴和宗教改革，以人为衡量万物的尺度，不仅冲破了中世纪教会的绝对权威，开创了思想解放和信仰自由的新局面，而且动摇了王权的专制枷锁，推动近代民族国家的崛起，为资本主义经济、政治的发展搭建舞台。

启蒙运动以理性为旗帜，宣扬自由平等，批判封建专制与宗教神学，新观念、新理想伴随着启蒙思想家作品的传播日渐渗透进人们的日常生活，改变着人们的价值观、人生观与世界观。同时，启蒙时代为资本主义发展构建的新蓝图，直接启发了美国独立战争与法国大革命，成为资产阶级向专制王权发起冲锋的重要武器。

◆ **宗教改革与英国革命**。

16 世纪 30 年代，英王亨利八世自上而下开展宗教改革。1534 年，英国国会通过《至尊法案》，规定英王是英国国教的最高首脑，最终摆脱罗马教会的控制，成为一个新教国家。“因信称义”等蕴含平等意识的新教条在这一过程中日益改变着英国人自中世纪传承下来的宗教信仰与思想观念。

16 世纪 60 年代，加尔文教传入英国，亦被称为“清教”，宣扬工商业活动的神圣性，主张发财致富是上帝选民的意志，吸引了不少英国资产阶级和新贵族的信奉。这些人也被称为“清教徒”，他们认为宗教改革后的英国国教实际上沦为了君主和封建贵族实行专制统治的工具，提出废除宗教的等级制度、教会组织民主化等要求，实质是借改组教会为名，建立起符合资产阶级利益的社会制度。

> 斯图亚特王朝初期，以清教为主要载体的英国民族主义，与以英国国教会为工具的专制主义的矛盾日益凸显，集中地体现为英国的议会反对派与来自苏格兰的斯图亚特专制王权的矛盾，这种矛盾从议会内的和平争论发展到议会外的物理较量，这就是 17 世纪的英国的内战或革命。
>
> ——姜守明：《查理一世的“宗教革命”与英国革命性质辨析
> ——再论“英国民族国家形成过程中的宗教因素》，
> 《北京大学学报》（哲学社会科学版）2013 年第 50 卷第 4 期，第 131 页。

这与日益加强的王权产生了冲突。尤其是查理一世时期，为避免国王的肆意收税，议会向英王提交了《权利请愿书》。出于财政困难与扩军需要，查理一世勉强接受，却在收到金钱补助后立刻违背契约，解散了议会，引起了人们，尤其是清教徒的反抗情绪，促成了英国革命的爆发。

◆ **启蒙运动与美国独立战争**。

17 世纪初至 18 世纪 30 年代，英国先后在北美地区建立了 13 个殖民地，将其作为自己的原料产地和商品倾销市场。商贸上的频繁往来必然伴随着文化上的密切交流。早在美国独立战争前，欧洲启蒙思想就已经在北美大陆上广泛传播，使北美的民族民主意识日趋增长，并熏陶出了一批自己的启蒙思想家，如托马斯·杰斐逊和本杰明·富兰克林，作为《独立宣言》的主要起草者，他们将启蒙运动中的自由、平等、天赋人权、主权在民等主张写入其中。

一家英国的报纸的惊叹也许能揭示这本书那令人莫名激动的振聋发聩的“战斗性”：“常识”无人不读，凡读过该书之人，哪怕他一个小时前还是一个强烈反对独立思想的人，但也瞬间改变了自己的态度。

——［美］托马斯·潘恩：《常识》，何实译，华夏出版社 2004 年版，第 111 页。

托马斯·潘恩的《常识》更是猛烈批判英国政府的专制暴政，强调了独立的必要性，并深刻分析了时局，揭示了独立的有利时机与条件。在短短不到 3 个月的时间内，这样一本薄薄不到 50 页的小册子，发行 12 万册，扫除了人们的顾虑，坚定了人们用武力反抗殖民统治到底的信念，促成了美国独立战争的胜利。

◆ **启蒙运动与法国大革命。**

1688 年“光荣革命”后，英国通过《权利法案》和《王位继承法》两份文件，确立了以议会为主导、限制王权的君主立宪制。在这一背景下，掌握政权的资产阶级就迫切需要相应的理论来巩固革命成果，启蒙在英国应运而生。

人们联合成为国家和置身于政府之下的重大的和主要的目的，是保护他们的财产。

——［英］洛克：《政府论》下篇，商务印书馆 1964 年版，第 77 页。

作为英国启蒙思想的代表人物之一，洛克对社会契约论的阐释，赋予了人们推翻难以保障个人财产和人身安全的政府的权力。

这一蕴含革命思想的理论为 18 世纪激进的启蒙思想家卢梭所继承与发扬。他认为，社会契约本就是富人对穷人的欺骗，前者出于保护自己利益的目的诱使后者签订社会契约，为贫富差别披上合法的外衣。文明社会中，这种差距进一步扩大成强弱差别，最终表现为专制暴君与人民的直接对立。在这种情况下，原本的社会契约已然被暴力所破坏，那么人民就有权相应地用暴力推翻暴君，重新订立保障自身权利的自由、平等的契约。

而政府的契约又是那么的在专制制度控制之下，因此，暴君只有在他是最强者的时候，他才是臣民的主人，而人民一旦将他废黜，他对人民的暴力行为是没有任何怨言可说的。以绞死或废黜暴君为结局的暴乱，同暴君当初之利用暴乱屠杀人民和掠夺财物的行为一样，是合法的。暴君的位子靠暴力维持，而要推翻他，也必须同样靠暴力。一切事物都是按照自然的秩序进行的：不论那些短暂的和频频发生的革命的结果如何，谁也不能抱怨说他们不公正；要抱怨，就只能抱怨自己的过错和不幸。

——［法］卢梭：《论人类不平等的起源和基础》，李平沤译，商务印书馆2007年版，第117页。

面对波旁王朝专制统治下，封建贵族对内巧立名目，征收各种苛捐杂税；对外不断发动战争，消耗国力，日益激化的社会矛盾促使这样一股思潮吹响了法国大革命战斗的号角。

综上而言，西方人文主义经过几场欧洲思想解放运动的传播与深化，提高了自由、平等、博爱等原则在人们心中的价值序列，提出了“天赋人权”“主权在民”等政治思想和建立民主共和国等政治要求，为资本主义制度绘制了理想蓝图，点燃了主要资本主义国家进行资产阶级革命与改革的烈火，并进一步引爆了资产阶级革命与改革在全球范围内形成浪潮。

2. 资本主义政治制度之间的异同有哪些?

从古至今，世界各国政治制度大致可以分为专制与共和。

近代以降，资产阶级通过改革与革命实现了资本主义的民主，纵观这些国家的政治制度，主要可以分为君主立宪制和民主共和制。

君主立宪制，亦称“有限君主制”。君主是国家元首，通常按照世袭或由选举产生，其权力受到法律的限制。根据君主权力的大小，又可以分为二元制君主立宪制和议会制君主立宪制。

二元制君主立宪制以德意志帝国、第二次世界大战前的日本为代表。所谓“二元”，指的是君主与议会分掌政权：君主直接掌握行政权，有权任命内阁，因此内阁对君主负责，而不向议会负责；议会掌握立法权，但君主有权否决，并且其行动不受议会制约，使得君主的实际权力很大，本质是借助议会来装点的君主专制。

议会制君主立宪制以现代英国为代表。议会处于国家政治的主导地位，君主只是“虚君”，在形式上可以任命政府，实际上却受议会约束。如今天的英王作为国家元首和法院首领，按宪法规定，有权解散国会、统帅军队，但其实是象征性的权力与地位。

近现代资本主义国家较为普遍地采用了共和政体，其特点是国家权力机关和国家元首由选举产生，政治制度中没有国王与贵族的地位。从行政部门与立法部门的关系上看，又可以细分为议会制共和制、总统制共和制与半总统制半议会制。

议会制共和制，又称内阁制共和制，以议会为国家最高权力机关，享有立法、组织、监督政府的权力。政府由议会中拥有多数议席的一个政党或几个政党联合组阁，并对议会负责。这种政体下的总统由选举产生，但只有“虚位”，没有实权。现代资本主义国家中的多数实行议会制共和政体，尤以当代德国为典型。

总统制共和制，以美国为典型，总统既是国家元首，又是政府首脑，掌握最高行政权，直接组织和领导政府，因此政府只对总统负责，无需对议会负责。总统的权力受议会立法制约，但总统不能解散议会，议会也不能将总统解职，如总统出现违宪行为，可提出弹劾。

半总统制半议会制，介于议会制和总统制之间。如今天的法国，总统是国家元首，由选民直接选举产生，掌握行政权，有权任命总理和内阁，也有权解散国民议会，权力很大。同时，政府需要对议会负责，保留了议会制的特点。

历史之音

1. 意大利为什么会成为西欧文艺复兴的发源地和中心？

（中世纪）这层纱幕是由信仰、幻想和幼稚的偏见织成的，透过它向外看，世界和历史都罩上了一层奇怪的色彩……在意大利，这层纱幕最先烟消云散。

——［瑞士］雅各布·布克哈特：《意大利文艺复兴时期的文化》，何新译，商务印书馆 1979 年版，第 143 页。

中世纪晚期，意大利能成为文艺复兴的发源地和中心，主要受到以下几个因素影响。

◆ **意大利是当时世界经济贸易的中心。**

意大利的地理位置濒临地中海，处于亚欧交界地带，是当时东西方贸易的重要枢纽。早在 14 世纪，意大利城市就因商业扩张而得到了迅猛发展。北部和中部有 23 个城市的人口达 2. 8 万人以上。热那亚、威尼斯、佛罗伦萨等北部城市更是出现了资本主义性质的手工工场，手工业、商业发达。

1400 年左右，威尼斯商人的船队已由 300 条“大船”、3 000 条小于 100 吨级的船和 45 条大帆船组成，配备的船员总计大约 28 000 人。威尼斯码头还雇佣了 6 000 名木匠和其他工人。意大利其他城市，如佛罗伦萨、热那亚、比萨和罗马的情况也都如此。

——［美］斯塔夫里阿诺斯：
《全球通史：从史前史到 21 世纪（第 7 版）》（下册），
董书慧等译，北京大学出版社 2005 年版，第 370 页。

资本主义经济的发展催生了新兴资产阶级，为谋求自身利益同封建领主展开斗争。一部分城市因此取得了高度自治权，并由资产阶级中的上层——大银行家、大商人、工场主等把持城市政权。居住在其中的居民享有参与贸易和政治活动的能力，加之城市政权对他们学习古典文化的鼓励，促进了城市文化的发展。当时，佛罗伦萨的资本主义生产关系萌芽表现最强，所以相应地在政治方面也较为突出，尤以美第奇家族为代表。

◆ **城市政权对人文主义的支持与保护。**

除佛罗伦萨外，有很多意大利城市，在那里，不论个人和社会团体都全力以赴地支持人文主义，并保护生活在他们中间的学者。

——［瑞士］雅各布·布克哈特：《意大利文艺复兴时期的文化》，
何新译，商务印书馆 1979 年版，第 217 页。

美第奇家族是佛罗伦萨的实际统治者，在其掌权期间，为了粉饰自身统治，美第奇家族提倡文学，奖励艺术，从各地招募了很多知名的画家、诗人、雕刻家和建筑家，使佛罗伦萨出现了前所未有的艺术繁荣，成为意大利艺术和文化生活的中心。尤其是“国父”科西莫和他的孙子“豪华者”洛伦佐对文化的热爱尤为突出。

“国父”科西莫又被誉为“学者的朋友和保护人”，在艺术上花费了大量金钱。他曾经将知识渊博的希腊学者请到佛罗伦萨为青年人讲授希腊文学，还在自己家里接待过精通拉丁语和希腊语、翻译了柏拉图对话集的著名学者马尔西利奥·费奇诺。“豪华者”洛伦佐不仅是“文学家的保护人”，还建立了美第奇家族的图书馆，资助比萨大学，他自身也是一位杰出的学者，爱好建筑、音乐、诗歌等。

出于统治需要，以佛罗伦萨为代表的一些城市政权还会任用人文主义者充当幕僚和官员。到 15 世纪中叶，人文主义者已大量出现在各地的政府机构中，进一步推动了文艺复兴运动的发展。

◆ **对古希腊和罗马文化的传承。**

意大利在整个中世纪里保存了大量古典作品。学者们四处搜罗古希腊、罗马著作，同时在挖掘罗马废墟和各寺院清理古旧图书的过程中，发现了不少珍本古籍。他们由此得以建立起许多大图书馆，包括梵蒂冈、洛伦佐和乌尔比诺图书馆等。其中，乌尔比诺图书馆拥有当时意大利最丰富、最完备的藏书。

然而大量古籍的保留仅仅是一个客观条件，文化的传承还需要克服语言方面的障碍。意大利人文学者借助各种渠道学习希伯来语、希腊语、犹太语等研究古典文化的必备语言。如 14 世纪末，佛罗伦萨请来了君士坦丁堡的克里索罗拉，开办了为期 4 年的希腊文讲座，掀起了一股学习希腊文的高潮。

此外，拜占庭学者流亡意大利也促进了古典文化在意大利的复活。14 世纪中叶，拜占庭帝国受到奥斯曼土耳其的严重威胁。许多拜占庭学者因此离开君士坦丁堡，带着大量希腊文、拉丁文的典籍前往意大利避难。其中最为知名的有前文提到的克里索罗拉，他来到佛罗伦萨后，开办了一所希腊学院，讲授古希腊哲学、历史和文学，培养出一批爱好古典文学的学者，后来有一部分人甚至成了文艺复兴运动的骨干。

◆ **意大利一系列反教会的异端运动与农民起义。**

中古时期，基督教会是西欧最大的地主，在各国占有庞大地产。意大利作为基督教会的大本营，罗马教廷对意大利人民的盘剥往往要比欧洲其他国家更为深重，因此那里的反抗也最为强烈，反教会的异端运动时有发生。

到 12、13 世纪，随着商品经济的发展和海外贸易的活跃，反对正统教会的城市异端运动也蓬勃兴起。这些异端运动虽然形式各异，但都动摇了罗马教廷的统治，使得罗马教会在意大利人民的心中日益成为嘲笑、憎恨的对象，为意大利人后来用人文主义批判教会提供了历史积淀。

与此同时，农民起义不断发生。其中对神权统治打击最沉重的便是 14 世纪初发生在意大利北部的多里奇诺起义。

多里奇诺宣传财产公有，认为私有财产是一切灾难的根源。……号召一切被压迫者起来消灭教士和富人。……起义者捣毁寺院，破坏庄园，击溃封建主几次派去镇压的军队。……1307年，粮食断绝，起义者大部战死，多里奇诺……也在受尽折磨后牺牲。

——周一良、吴于廑主编：《世界通史·中古部分》，
人民出版社1972年版，第193—194页。

尽管多里奇诺起义最终失败，但它成为了之后西欧各国大规模农民起义的先声，也促进了资产阶级新文化运动的诞生。

2. 普鲁士为什么能成为德意志统一的主导邦国？

德意志关税同盟把奥地利排斥在外，事实上确立了普鲁士在德意志经济发展中的领导权。在德意志走向统一的道路上，这是一个具有重要意义的转折点。

——孟钟捷、霍仁龙：《地图上的德国史》，
东方出版中心2014年版，第105页。

普鲁士和奥地利是德意志最大的两个邦国。虽然普鲁士有更加强大的军事力量，整个社会都长期浸淫在军事氛围之中。然而与占据中心位置、文明程度优越、历史悠久、拥有正统地位的奥地利相比，依然是一个地处边陲、领地分散的邦国。可正是普鲁士最终承担起了统一德意志的重任，奥地利则逐渐远离欧洲的政治中心。普鲁士如何一步步成为德意志统一的主导国呢？

1648年，欧洲各国签署了《威斯特伐利亚和约》，德意志分裂为314个大大小小的邦国，邦国各自为政，中央权力几乎不存在，神圣罗马帝国名存实亡。1806年，神圣罗马帝国在拿破仑军队的入侵下解体。1814年，拿破仑被击败后，在英国和俄国主导下，由38个邦国组成的"德意志邦联"成立，但各邦依然拥有着独立的主权。当时的德国甚至流传着这样一句谚语："一年有多少天，就有多少个德意志邦国。"

政治上四分五裂引起的货币体制混乱、重重关税，以及落后的封建农奴制度都使德国工业化面临劳动力、市场、资金的短缺，严重阻碍着德国经济的发展。面对这样的局势，以经济学家弗里德里希·李斯特为代表的一些学者提出了建立统一的德意志关税同盟的主张。然而奥地利与普鲁士却持相反意见。

奥地利闭关自守，经济落后，因此它操纵联邦议会，极力阻碍关税同盟以及经济统一的进程。普鲁士由于占有鲁尔、萨尔等工业区，工业规模更大，发展更快，在19世纪50年代它的重工业产量就相当于德意志总量的一半以上。于它而

言，建立关税同盟无疑是有利可图的。

> 1850—1860 年，萨尔的煤产量从 674 860 吨增至 2 179 751 吨；鲁尔的煤产量从 196.1 万吨增至 427.6 万吨。1851—1857 年，采矿冶金股份公司从 14 家增至 59 家，……煤和铁成为时代的口号。……普鲁士的铁道从 1848 年的 2 363 公里，增至 1860 年的 1.1 万公里，而在 1870 年则增至 11 523 公里，占德意志铁道总长度 1.95 万公里的 59%。
>
> ——关勋夏：《德意志“以普鲁士为首的统一”——历史的必然》，《华南师范大学学报》（社会科学版）1997 年第 5 期，第 67 页。

与此同时，普鲁士的疆域狭长，有长达 7 500 千米的关税边界，管理困难。但从另一方面来看，这种狭长的疆域实际上控制了德意志的南北交通。借助这种有利的地形和各种恩威并施的手段，普鲁士迫使周边德意志各邦屈服，纷纷加入它的关税同盟。1833 年，普鲁士领导下的统一的德意志关税同盟建立，建立这样一个自由的市场，必然对各国经济发展大有裨益，推动了德国经济一体化。同时也使普鲁士迅速成为北方的经济霸主，加强了德意志其他各邦对普鲁士的财政依赖，向普鲁士屈服成为唯一的选择。

正是凭借这样的经济实力，普鲁士才能以铁血政策，先后通过三次王朝战争，统一了除奥地利以外的德意志地区，建立起德意志帝国，并由普鲁士国王兼任德意志帝国皇帝，占据毫无疑问的主导地位。因此，英国经济学家凯恩斯提出：“德意志帝国与其说是建立在铁与血之上，不如说是建立在煤与铁之上更真实些。”

第五单元

工业革命与马克思主义的诞生

第一部分　单元解析

课程标准要求

高中课程标准对本单元的教学要求阐述如下：

通过了解工业革命带来社会生产力的极大发展以及所引起的生产关系的深刻变化，理解工业革命对资本主义世界体系的形成及对人类社会生活的深远影响；通过了解马克思主义产生的时代背景以及马克思、恩格斯的理论探索与革命实践，了解《共产党宣言》的主要内容，理解马克思主义产生的世界意义。

单元主题解读

本单元围绕“工业革命”“马克思主义的诞生”两个重要历史事件展开，可以理解为工业革命是人类时代的巨变时刻，而马克思主义是人类社会的重要回应。工业革命引发了人类生产力和生产关系的“质变”，还带来了社会阶级结构、社会生活的巨变。由于资本主义与工业革命的相辅相成，造就了资本主义世界体系的最终形成，深刻影响了世界格局。马克思主义在资本主义经济的发展和无产阶级反对资产阶级的斗争中诞生，《共产党宣言》的发表和工人运动相结合不断推动了无产阶级革命运动的开展。

单元内容结构

本单元包括两课：第 10 课“影响世界的工业革命”和第 11 课“马克思主义

的诞生与传播”。

第 10 课共有 3 目。第一目“工业革命的背景”，主要从政治环境、资本原始积累、生产技术革新、商品市场扩大等方面叙述了工业革命最先发端于英国的原因。第二目“工业革命的进程”，主要介绍了 18 世纪 60 年代至 20 世纪初两次工业革命的基本进程，尤其重点分析了两次工业革命的传承性与创新性。前 2 目的设置是引导学生通过认识两次工业革命产生的历史条件来更好地理解工业革命的影响。第三目“工业革命的影响”紧扣标题，是本课核心要点。揭示了工业革命作为人类社会时代巨变，是如何最终确立起了资本主义生产方式在全世界的主导地位，并进一步将全世界连接成为一个相互依存的整体。

第 11 课按照时间线索介绍了马克思主义诞生的背景、过程与影响意义。第一目指出伴随社会生产力的空前发展，社会贫富分化越来越严重，工人阶级和工业资产阶级的矛盾日益尖锐，工人阶级从破坏机器厂房、要求提高工资等经济斗争发展为争取政治权利的政治斗争，无产阶级登上历史舞台，为新思想的诞生提供了阶级基础；第二目“马克思主义的诞生”重点介绍了马克思和恩格斯在广泛吸收各种思想基础上，将理论与实践相结合，构建了马克思主义思想体系的过程；第三目概述了马克思主义诞生后无产阶级进行的革命实践——第一国际和巴黎公社。这一结构安排将马克思主义诞生的前因后果完整叙述，更有利于学生理解其世界意义。

核心素养水平建议

（1）能够从生产力与生产关系、经济基础与上层建筑的辩证关系来理解工业革命的历史背景及其重大意义，正确认识人类社会发展的总趋势。

（2）在对两次工业革命的转换与发展进行分析时，能够将两次工业革命的转换与发展、空想社会主义与马克思主义的诞生置于具体的时空框架下进行分析、综合、比较。能理解工业革命与马克思主义诞生的关联，并认识巴黎公社发生的时空条件。

（3）在对工业革命的重要影响等问题进行独立探究的过程中，能够运用恰当的史料进行互证并论述。通过阅读《共产党宣言》节选，理解“发展生产力首要论”“自由人联合体”等思想，认识到社会主义是充满活力且符合人的根本价值的社会制度。

（4）能够辨识马克思和恩格斯对工业革命以及西方殖民活动的目的、性质和结果等的解释，并将这种理解在自己的历史叙述中表现出来。尝试探究巴黎公社的失败原因，并在尽可能占有史料的基础上从新的角度认识其经验和教训，理解其对马克思主义的发展和丰富。

（5）结合工业革命的巨大成就，认同世界各国对人类文明发展做出的贡献；同时综合其负面影响，树立可持续发展观和人类平等、自由等意识。感悟马克思的历史智慧与创新精神，坚定为共产主义奋斗终身的信念。

第二部分　教材比较

与初中课程标准、教材比较

《中外历史纲要（下）》第五单元文本内容是《世界历史第一册》第七单元“工业革命和工人运动的兴起”与《世界历史第二册》第二单元“第二次工业革命和近代科学文化”的综合与延伸，两者既有共性又有差异。

1. 课程标准相关内容表述

课程标准相关内容表述对比见表 5－1。

表 5－1　课程标准相关内容表述对比（第五单元）

初中课程标准	高中课程标准
1. 通过了解珍妮纺织机、蒸汽机、铁路和现代工厂制度，初步理解第一次工业革命的影响； 2. 通过了解早期工人阶级的斗争，马克思、恩格斯的革命活动和《共产党宣言》的发表，理解马克思主义诞生的历史意义； 3. 通过了解第一国际成立、巴黎公社，理解马克思主义的传播和国际工人运动的发展	1. 通过了解工业革命带来的社会生产力的极大发展以及所引起的生产关系的深刻变化，理解工业革命对资本主义世界体系的形成及对人类社会生活的深远影响； 2. 通过了解马克思主义产生的时代背景以及马克思、恩格斯的理论探索与革命实践，了解《共产党宣言》的主要内容，理解马克思主义产生的世界意义

初中课程标准对珍妮纺织机、蒸汽机、铁路和现代工厂制度等的出现，工业化时代来临的历史意义，马克思、恩格斯的革命活动和《共产党宣言》的发表，马克思主义诞生的历史意义给予了明确的要求。相较于初中课程标准，高中课程

标准更凸显社会生产力的极大发展以及所引起的生产关系的深刻变化对马克思、恩格斯的理论探索与革命实践的影响。

2. 教材相关单元、课、目编排

教材相关单元、课、目编排对比见表 5 - 2。

表 5 - 2　教材相关单元、课、目编排对比（第五单元）

《世界历史第一册》		《中外历史纲要（下）》	
第七单元　工业革命和工人运动的兴起		第五单元　工业革命和马克思主义的诞生	
第 20 课 第一次工业革命	纺织技术的革新	第 10 课 影响世界的工业革命	工业革命的背景
	蒸汽机和工厂制度的确立		工业革命的进程
	火车与铁路		工业革命的影响
第 21 课 马克思主义的诞生和国际工人运动的兴起	马克思与恩格斯	第 10 课 马克思主义的诞生与传播	早期工人运动与社会主义思想的萌发
	《共产党宣言》		马克思主义的诞生
	第一国际		国际工人运动的发展
初中《世界历史第二册》		高中《中外历史纲要（下）》	
第二单元　第二次工业革命和近代科学文化		第五单元　工业革命和马克思主义的诞生	
第 5 课 第二次工业革命	电的应用	第 10 课 影响世界的工业革命	工业革命的进程
	内燃机和新的交通工具		
	化学工业和新材料		
第 6 课 工业化国家的社会变化	人口增长和大众教育		工业革命的影响
	城市化		
	环境污染和贫富分化加剧		工业革命的影响

◆ 从内容编排看，初中《世界历史第一册》第七单元“工业革命和工人运动的兴起”共 2 课时。单元主题聚焦第一次工业革命和工人运动的兴起，阐述马克思主义诞生的重大历史意义。初中《世界历史第一册》第二单元“第二次工业革命和近代科学文化”单元则聚焦第二次工业革命的过程与影响。《中外历史纲要（下）》第五单元“工业革命和马克思主义的诞生”共 2 课时，其中第 10 课《影响世界的工业革命》将两次工业革命的内容作为一个整体来阐述，从工

业革命的背景、进程、影响等视角对两次工业革命进行统整论述。单元主题更侧重于两次工业革命带来的社会生产力的极大发展以及所引起的生产关系的深刻变化和对资本主义世界体系的形成、人类社会生活的深远影响。并以此为背景介绍马克思、恩格斯的理论探索与革命实践。

◆ 就知识点而言，高中相较于初中新增知识点大致有：第一次工业革命的背景；第一次工业革命的辐射；早期工人运动；社会主义思想的萌发；巴黎公社的革命措施；巴黎公社的影响。

◆ 从行文表述上看，需要特别指出下列方面。

在表述垄断组织的影响时，初中教材更关注垄断组织的对外扩张，指出“第二次工业革命促进了生产力的发展，极大地改善了人们的生活。一些资本主义国家取得了跨越式的发展，成为工业化强国。在经济发展的基础上，主要资本主义国家出现了垄断组织，资本主义由自由资本主义向垄断资本主义即帝国主义阶段过渡。随之而来的资本主义对外扩张的增强，对世界产生了深远影响”。而《中外历史纲要（下）》则更关注垄断组织对工业发展的影响。表述为“随着技术的日益复杂、投资的不断扩大、竞争的日趋激烈，生产进一步集中，出现了垄断组织。资本家通过建立垄断组织获取了高额利润，同时也阻碍了竞争，导致某些停滞和腐败”。

与华师大版高中教材比较

《中外历史纲要（下）》第五单元文本内容与华师大版《高中历史第四分册》第三单元“工业社会的来临”第四单元“社会主义运动与马克思主义”的内容基本一致，但两者在内容的编排、详略、表述等方面存在一些差异。

◆ 从内容编排看，华师大版《高中历史第四分册》第三单元和第四单元的编排将第一次工业革命、第二次工业革命、社会主义运动和马克思主义等重要史实按时序进行教授。《中外历史纲要（下）》第五单元则以“影响世界的工业革命”与“马克思主义诞生”两大核心概念统摄整个单元，编排上更关注两次工业革命发展和无产阶级革命发展到新阶段的总趋势，叙事更为精简，更突显单元整体性和主题性。

◆ 就知识点而言，相较于华师大版《高中历史第四分册》内容，《中外历史纲要（下）》第五单元新增知识点大致有：科学家在工业革命中的作用、圈地运动、技术人员与管理人员等中间阶层力量、工业革命中物美价廉的商品、休闲娱乐、群众体育性运动兴起、报刊书籍发行量增大、人们文化素养提高、女性获得更多机会、资本主义经济危机、共产党宣言的内容、共产党宣言的影响、资本论、唯物史观、马克思主义的影响、第一国际等。华师大版《高中历史》中有关垄断法、现代工业体系、世界工厂、"血汗工厂"等相关内容在《中外历史纲要（下）》中没有涉及。现代工厂制度、股份制等相关内容虽然在《中外历史纲要（下）》没有提及，但在选择性必修中进行了相应的补充。

◆ 从行文表述看，需要特别指出下列方面。

在表述垄断组织的影响时，《中外历史纲要（下）》则更关注垄断组织对工业发展的影响。表述为"随着技术的日益复杂、投资的不断扩大、竞争的日趋激烈，生产进一步集中，出现了垄断组织。资本家通过建立垄断组织获取了高额利润，同时也阻碍了竞争，导致某些停滞和腐败"。而《高中历史第四分册》则更注意垄断所导致的竞争无序性。表述为"大企业与垄断资本，是资本主义工业化进程中生产力和生产关系社会化程度提高的表现。在自由竞争条件下形成的垄断资本，加剧了竞争的无序性，扩大了社会的两极分化，成为经济危机和社会冲突的重要原因"。

关于巴黎公社失败对马克思主义的影响。《中外历史纲要（下）》表述为"它的实践丰富了马克思主义的学说，为国际工人运动的发展提供了宝贵的经验和教训"。而《高中历史第四分册》则非常详细地指出"马克思高度关注公社的事业。在巴黎公社失败后，他及时总结了经验教训，并将其提升到原则高度：无产阶级不能简单地掌握现成的国家机器，并运用它来达到自己的目的；而是必须打碎旧的国家机器，建立自己的新国家，实行无产阶级专政。无产阶级专政本身不是目的，只是消灭阶级压迫、实现人类解放的手段"。

第三部分　核心问题释读

线索一　影响世界的工业革命

1. 为什么是英国而不是其他国家率先实现工业化？

◆ **英国工业化的条件。**

W. O. 亨德森指出，欧洲没有与英国同时开始工业化是令人惊讶的。他指出欧洲大陆也有煤、铁、羊毛等资源，而且在一些方面并不比英国逊色。在采矿和金属冶炼方面，18 世纪中期欧洲的技术还领先于英国。一些新机械也是在大陆先发明出来的，如提花织机、多管蒸汽动力机、埃尔曼梳毛机。荷兰和瑞士的银行业发展也不比英国逊色。大陆国家工业机构和公共设施方面提供了金融等支持，对私营企业也有帮助，而这些英国并不具备。

——徐滨：《欧洲文明进程・工业化卷》，
商务印书馆 2024 年版，第 221 页。

根据亨德森的分析，既然在不少方面英国都并不具备优势，那为何英国最早实现了工业化呢？

《中外历史纲要（下）》从国内政局、市场、劳动力、资本原始积累与发达的手工工场这几点阐述了英国率先发生工业革命的条件。教材并没有与欧洲其他国家进行对比，但从中我们已经能够发现：尽管英国并未在经济和科技的各个方面取得全面的领先，但是英国在各方面都具备了工业化的条件。换句话来说，英国是当时全世界所有国家里发展“最全面”的国家。无论是从政治制度还是经济体制，抑或是技术水平，甚至是地理环境而言，英国都是综合实力相对最强的国家。同期的欧洲大陆国家，或因为战争与内乱造成社会动荡，或关卡林立，行会众多阻碍了工业化的条件。

◆ **英国的独特优势**。

简而言之，工业革命在英国最先发生的秘诀就是人口、技术和资本。

工业的发展要以农业为基础。18 世纪的英国农业革命帮助英国从传统农业向近代资本主义农业转变，其中圈地运动推动了大农场的形成，也有土地经营方式和农业生产技术的变革。同时农业新品种，诸如甜菜、马铃薯、油菜和萝卜等引入英国，也提升了农业产量。这一切最直观的后果就是缓解了人口增长所带来的粮食短缺问题，为工业革命提供了劳动力的保障。

雅克・勒戈夫在《欧洲经济史》中就说：“不容怀疑，中世纪城市的这种精神风貌对于资本主义的发展以及对于产业革命都是不可缺少的。……但所有这一切如没有资本积累这个基本因素，就什么也建立不起来，资本积累是推进经济和社会进步的主要动力。”这样一来，资本和城市就同样成了工业革命发生的必要条件。“城市起源说”与“商业起源说”存在着一些共同之处，它们都强调了商业的作用。

——徐滨：《欧洲文明进程·工业化卷》，
商务印书馆 2024 年版，第 139 页。

各方学者的研究都表明在 18 世纪英国国民储蓄、英国殖民者所从事的三角贸易的利润、英国农民的剩余劳动与对美洲的掠夺都为英国工业革命提供了充足的资本。

在经济理论上，自由资本主义的思想取代了重商主义的地位，为工业发展提供了理论的依据。亚当·斯密在其经典之作《国富论》中系统提出了劳动分工、交换和货币的理论。指出国民财富的性质并非金银，而是人民生活的必需品和便利品。财富的源泉并非重商主义者所推崇的土地产出与贸易利润，而是国民的劳动。

2. 第二次工业革命是怎样改变世界格局的？

◆ **老牌工业化国家的逐渐衰落**。

18 世纪中期工业革命率先在英国发生，依托工业化的优势和国内政局的稳定，英国逐渐成为世界最强国，而原本的殖民强国西班牙、葡萄牙与荷兰纷纷边缘化。之后完成资产阶级革命的法国和美国也开启了工业革命。然而到第二次工业革命的时候，英国和法国却未能继续“领跑”，其科技与经济都裹足不前，究其原因主要有以下两点。

一是领先进入工业社会的英法等国，依然沉浸在第一次工业革命后的领先状态，误以为从此发展可以一劳永逸，企业家不愿意花费更多的精力改造旧设备迎接新发展；二是英法两国都是世界上第一、第二的殖民帝国，从殖民地所获得的大量财富也让它们失去了前进的动力。

◆ **新兴工业化国家的迅速崛起**。

与英法形成鲜明对比的是一批后起的资本主义国家。其中最具有代表性的当数美国和德国。这两个国家经过 19 世纪 60 年代的改革，国内阻碍资本主义发展的障碍已经被清除，进入了工业发展的快车道。两国都制定了有利于新兴技术的应用和推广的政策，各种相关发明创造和成果在两国不断涌现，并得到了广泛的运用。至 1896 年，美国的工业总产值已经跃居世界第一位，到一战前德国又超越英国成为欧洲工业第一强国。

但是这两个迅速发展的国家其实还是略有一些区别的。美国的国土面积更大，周边地缘环境更优越，得以在美洲后花园中迅速发展却又远离了欧洲大国之间的纷争。德国则没有那么的“幸运”，没有大片殖民地可供资本的输出，身处大国中心的地理位置导致德国受到东西方强国的掣肘，而逐渐崛起的势头也引发了英国的警觉，英国开始纵横捭阖，通过外交手段遏制德国的发展。

◆ **世界殖民体系的盛极而衰**。

随着第二次工业革命在全世界的展开。新科技新技术也被引入了殖民地，殖民地人民在学习的过程中势必会与宗主国进行密切的接触。正是在这个接触的过程中，宗主国所秉承的思想与理念也开始感染殖民地的先进分子。在这些思想和理念的影响下，部分殖民地逐渐通过斗争实现了独立并推动了亚非拉地区民族民主运动的发展。伴随第一次世界大战的推波助澜，各殖民地的民族民主运动开始如星火燎原般烧遍整个殖民世界。

线索二　马克思主义的诞生与发展

1. 如何理解马克思对资本主义的评价如此之高？

资产阶级在它的不到一百年的阶级统治中所创造的生产力，比过去一切世代创造的全部生产力还要多，还要大。

——中共中央马克思恩格斯列宁斯大林著作编译局：
《马克思恩格斯文集》第二卷，人民出版社 2009 年版，第 36 页。

虽然在《共产党宣言》中马克思谈到了资产阶级的灭亡是不可避免的，然而对于资产阶级所创造的资本主义制度，马克思却不吝表扬，指出资产阶级在历史上曾经起过非常革命的作用，那么为什么马克思对资本主义制度评价如此之高呢？

◆ **资产阶级曾经是推翻中世界愚昧的革命力量**。

在西欧中古封建社会，封建领主的统治造成了分裂的政治与落后的经济，西欧长期处于落后的状态。森严的等级制度造成了严重的不平等，社会缺乏流动，人们缺乏积极向上的动力。基督教会控制了人们的思想，统治了人民的心灵，愚民政策导致西欧文化上的落后。这些都是阻碍生产力发展的障碍，也影响了经济的进步与社会的文明进程。

然而这一切最终在资产阶级的领导下被逐渐打碎，并且一步步地跨越式前进，为西欧的崛起奠定了基础。

◆ **资本主义制度下工业革命促进了生产力的发展。**

毋庸讳言，工业革命从改造机器入手，继而创造出了前所未有的生产力。

> 工业革命创造出无比的财富，这已是人所尽知的事。1750—1800 年，英国的煤产量增长一倍，进入 19 世纪后，100 年竟增长 20 倍！生铁产量在 1740—1788 年增长 4 倍。以后 20 年又增长 4 倍，在 19 世纪，100 年中增长 30 倍。原棉进口量在 1780—1800 年增长 5 倍，到 19 世纪，100 年也增长 30 倍。生产的迅速发展，使英国在经济上迅速超越各国，成为全世界最富有的国家。
>
> ——钱乘旦：《第一个工业化社会》，四川人民出版社 1988 年版，第 88 页。

工业革命极大地提高了生产力，巩固了资本主义的统治。由于采用机器生产，工厂越来越多，壮大了资本主义经济，原来的手工工场和手工作坊逐渐被挤垮。因此，资本主义生产制度最终取得了统治地位。历史也终于证明在当时，相较于封建制度，资本主义制度能更好地促进生产力的发展。自 1640 年以来的资产阶级革命，虽然引导了资本主义制度的确立，但直到工业革命之后才证明它是当时更有活力的制度。

◆ **借助工业革命，资本主义文明改变了世界的面貌。**

工业革命产生的磅礴生产力带来了社会进步、人们物质生活水平的提高和传统家庭关系的变化。同时，它也对世界形势产生了重大影响。一方面，欧洲、北美和日本在工业化影响下建立起资本主义制度，并逐渐走向工业化；另一方面，亚非拉广大地区在工业化过程中成为商品市场和原料产地，遭受剥削，但同时工业化趋势下的全球扩张也将现代文明引入了古老的东方社会。

> 的确，英国在印度斯坦造成社会革命完全是受极卑鄙的利益所驱使，而且谋取这些利益的方式也很愚蠢。但是问题不在这里。问题在于，如果亚洲的社会状态没有一个根本的革命，人类能不能实现自己的使命？如果不能，那么，英国不管犯下多少罪行，它造成这个革命毕竟是充当了历史的不自觉的工具。
>
> ——［德］马克思：《不列颠在印度的统治》，《马克思恩格斯选集》第一卷，人民出版社 2012 年版，第 854—855 页。

从这个意义来说，工业革命推动了资本主义世界体系的建立，摧毁了世界很多地区的传统手工业，造成了殖民地和半殖民地人民的灾难，但客观上促进世界向工业社会迈进，是历史的进步。

2. 为什么空想社会主义只能是“空想”？

> 这种历史情况也决定了社会主义创始人的观点。不成熟的理论，是同不成熟的资本主义生产状况、不成熟的阶级状况相适应的。解决社会问题的办法还隐藏在不发达的经济关系中，所以只有从头脑中产生出来。社会所表现出来的只是弊病，消除这些弊病是思维着的理性的任务。于是，就需要发明一套新的更完善的社会制度，并且通过宣传，可能时通过典型示范，从外面强加于社会。这种新的社会制度是一开始就注定要成为空想的，它越是制定得详尽周密，就越是要陷入纯粹的幻想。
>
> ——中共中央马克思恩格斯列宁斯大林著作编译局：《马克思恩格斯文集》第三卷，人民出版社 2009 年版，第 528—529 页。

社会主义思想发端于 16 世纪的欧洲，早期空想主义者托马斯·莫尔在《乌托邦》中对“羊吃人”进行着控诉，意大利的康帕内拉在其名作《太阳城》中尖锐地指责欧洲各国的统治者都是“社会财富的劫掠者”。

到了 19 世纪初叶，随着工业革命的发展，涌现出像法国的傅里叶、圣西门和英国的欧文等一批空想社会主义者，他们立足时代对资本主义进行控诉，提出解决问题的方案，然而遗憾的是他们最终都失败了。究竟是什么原因使空想社会主义只能停留在“空想”阶段，无法获得成功呢？

首先，他们仅仅从道德的层面来批判资本主义。在他们看来资本主义制度违背了人的本性和人道主义原则，但当谈到什么是“人性”的时候，空想社会主义者的回答就是资产阶级启蒙学者所说的自由、平等，没有一套脱离于资本主义制度的理论。

其次，空想社会主义者主张通过改良去实现社会主义。他们大多反对阶级斗争与社会革命，要么等待富人的良心发现，要么等待伟大人物的努力宣传。法国人圣西门和傅里叶在提出各种理论之外，毕生苦苦等待贵族阶级、资本家，甚至是拿破仑来帮助他们实现理想，他们更多地将社会主义看作一项慈善或者是一场实验。英国人欧文撰写《新道德世界》反对私有制、反对革命，主张建立公社，并斥巨资亲自在美国建立“新和谐公社”进行实践，然而结果终究是失败的。

另外，空想社会主义者并没有能够结合历史与传统来展望未来，他们更多的只是对未来进行符合他们理想的设计，各种规划充满了理想色彩，根本不切合实际。

最后，就客观社会条件而言，彼时资本主义生产方式尚未在全世界占据统治地位，资本主义相较于封建主义还是先进的，更何况当时无产阶级依然十分弱小，政治上非常不成熟。要在这样的历史时期完成革命任务，推翻资本主义显然是不现实的。

3. 如何理解马克思主义是科学的、人民的、实践的、不断发展的、开放的理论？

习近平总书记在纪念马克思诞辰200周年大会上的讲话中指出："马克思主义是科学的理论""马克思主义是人民的理论""马克思主义是实践的理论""马克思主义是不断发展的开放的理论"。如何理解马克思主义的科学性、人民性、实践性和发展性呢？

◆ **马克思主义的科学性**。

> 正像达尔文发现有机界的发展规律一样，马克思发现了人类历史的发展规律，即历来为繁芜丛杂的意识形态所掩盖着的一个简单事实：人们首先必须吃、喝、住、穿，然后才能从事政治、科学、艺术、宗教等等；所以，直接的物质的生活资料的生产，从而一个民族或一个时代的一定的经济发展阶段，便构成基础，人们的国家设施、法的观点、艺术以至宗教观念，就是从这个基础上发展起来的，因而，也必须由这个基础来解释，而不是像过去那样做得相反。
>
> 不仅如此，马克思还发现了现代资本主义生产方式和它所产生的资产阶级社会的特殊的运动规律。由于剩余价值的发现，这里就豁然开朗了，而先前无论资产阶级经济学家或者社会主义批评家所做的一切研究都只是在黑暗中摸索。
>
> ——恩格斯《在马克思墓前的讲话》（1883年3月17日）

尽管欧洲工人运动此起彼伏，但大多最终失败。虽然空想社会主义悲天悯人，但始终只能直指资本主义的"罪恶"，却无法分析其为何"为恶"？既然无法分析其"为恶"的原因，当然也就没有办法为无产阶级提供战胜资产阶级的方法，所以虽然空想社会主义在一定程度上对无产阶级有过启蒙教育的作用，但是却无法为无产阶级的解放运动提供科学的理论。

只有马克思与恩格斯，他们在积极参加各国工人运动的斗争过程中，对时代和社会主义运动的所提出的问题，在批判继承了英国古典政治经济学、德国古典哲学和空想社会主义的基础上，在斗争中研究，在研究中创新。经过艰苦卓绝的研究，逐步发现和制定了唯物史观——对过往的历史发展进行了科学的总结，更准确地判断了人类未来的发展。马克思运用了唯物史观，对资本主义经济运动进行了深刻的剖析进而发现了剩余价值理论，揭示了资本家剥削的秘密，为最终埋葬资本主义提供了理论基础。基于此，社会主义才变成了科学社会主义。

◆ **马克思主义的人民性。**

在马克思主义诞生之前，虽然人民群众创造了历史，但是在史书中始终无法找到人民群众。人民群众总是受到压迫，备受欺凌。从来没有人思考过他们的历史地位，也从来没有人去关注他们的未来。自古以来的历史学家主要赞颂的都是英雄人物，这就是所谓的英雄史观。

马克思则通过对历史的深入研究，运用唯物史观指出人民群众是社会历史的主体，是历史的创造者。这里的“人民群众”在不同历史时期有着不同的内容，包含着不同的阶级、阶层和集团，但这些人之中最稳定的主题始终是从事物质资料生产的劳动群众。

终其一生，马克思致力于人类的解放。《共产党宣言》为无产阶级摆脱资产阶级的压迫，获得最终解放提供了理论依据。之后马克思主要埋首于《资本论》的创作之中，通过对资本主义经济关系和内在矛盾的研究，揭示了资本主义的发展规律和发展趋势，为无产阶级和人类解放指明了方向和道路。到了晚年，马克思侧重于研究古代社会和非西方社会。但他的目的也并非因为对考古有兴趣，而是通过对过去的研究，引导社会发展避免资本主义制度所带来的各种苦难和灾难。

所以正如习近平总书记所提到的：

> 马克思主义是人民的理论，第一次创立了人民实现自身解放的思想体系。马克思主义博大精深，归根到底就是一句话，为人类求解放。在马克思之前，社会上占统治地位的理论都是为统治阶级服务的。马克思主义第一次站在人民的立场探求人类自由解放的道路，以科学的理论为最终建立一个没有压迫、没有剥削、人人平等、人人自由的理想社会指明了方向。马克思主义之所以具有跨越国度、跨越时代的影响力，就是因为它植根人民之中，指明了依靠人民推动历史前进的人间正道。
>
> ——习近平：《在纪念马克思诞辰200周年大会上的讲话》（2018年5月4日）。

◆ **马克思主义的实践性**。

马克思主义从来不是凭空而来的，它源自马克思与恩格斯亲身参与的社会斗争，源自他们对资本主义经济运动规律的研究，同样也源自世界各地无产阶级革命运动的实践，正是这些实践不断完善着马克思主义。

> 《法兰西内战》……精辟地分析了巴黎公社的发展过程和历史意义，概括了巴黎公社的历史经验和教训，发展了马克思主义关于无产阶级革命和无产阶级专政的学说，特别是用巴黎公社的新经验进一步论证和丰富了无产阶级革命必须首先打碎资产阶级国家机器的思想。
>
> ——陈之骅：《巴黎公社与马克思的〈法兰西内战〉——纪念巴黎公社革命150周年》，《世界社会主义研究》，2021年第10期。

1871年5月28日，巴黎公社已被法国资产阶级和德国联手扼杀。两天后，马克思为此所写的宣言《法兰西内战》得以公布，其内容增添了对于巴黎公社宝贵经验和教训的概括与提炼。马克思清醒地认识到无产阶级专政实现的重要条件：生产力高度发展和无产阶级准备成熟——在1871年的法国并不具备。一方面，他对于巴黎公社所实行的一系列措施持保留意见和审慎态度；另一方面，他也高度赞扬了巴黎工人的牺牲精神和斗争意志，对于这一伟大尝试中的积极、可贵的要素，比如公社代表的普选制、破除特权等进行了及时的提炼和总结。

此后，又经由恩格斯、列宁等伟大导师的整理、补充、发展，巴黎公社的经验和教训成了国际工人运动的重要财富，不仅丰富了马克思主义学说，也对下一个世纪世界各国无产阶级建立政权的行动具有显著的参考价值。

◆ **马克思主义的发展性**。

马克思主义不是一成不变的，马克思主义从来不是金科玉律，它是顺应时代而不断发展前进的。

> 历史表明，我们以及所有和我们有同样想法的人，都是不对的。历史清楚地表明，当时（1848年）欧洲大陆经济发展的状况还远没有成熟到可以铲除资本主义生产的程度。
>
> ——中共中央马克思恩格斯列宁斯大林著作编译局：《马克思恩格斯文集》第四卷，人民出版社2009年版，第540页。

在19世纪中期，基于当时的社会历史发展条件与认识，马克思与恩格斯认为可以通过暴力革命推翻资产阶级统治，进入共产主义社会。然而到1895年，恩格斯在写作《1848年至1850年的法兰西阶级斗争》一书序言时承认因为资本主义仍然处于上升时期，依然对社会生产力的发展有推动作用，所以他们当初的判断并不准确。但这并不能说明恩格斯的序言与《共产党宣言》的理论是矛盾的，《共产党宣言》的预言必然实现，这与时代的发展和阶级力量对比密切相关。马克思、恩格斯没有僵化地看待自己的思想，而是随着时代的发展不断修正自己的观点，这种修正并不是对自身过去的简单否定。这既体现了马克思、恩格斯实事求是的科学态度，也有助于我们理解马克思主义是不断发展的开放的理论。

历史之音

1. 为什么教科书要将两次工业革命合并在一起进行教授?

关于工业革命的教材内容，《中外历史纲要（下）》与之前的几版教材相比，内容没有大的变化，教材本身还是从背景、进程和影响来着手编撰的。最大的不同在于《中外历史纲要（下）》将两次工业革命合在了一起教授，课题名称也改为了《影响世界的工业革命》，编者有何意图呢?

在笔者看来，第一个原因与编撰体例有关。首先《中外历史纲要（下）》将17—18世纪的资产阶级革命与19世纪60年代资本主义的扩张置于一课中进行论述。之前的教材往往是将其分成了两部分。众所周知，19世纪60年代资本主义在全球的扩张是第二次工业革命在许多国家发生的政治前提，如果将两次工业革命分开论述，势必会产生教学内容上的重复，而合在一起讲述，既方便学生了解近代工业化的全貌，更能引导同学理解两次工业革命之间的继承与发展，更加清楚地了解各自的特点。

第二个原因是从学理上进行分析。在以往的教学中，我们往往会对两次工业革命进行时间界定，把第一次工业革命的时间定在1760—1840年。但是这种划分其实只适用于英国，而其他国家在18世纪资产阶级革命尚未完成，没有政治制度基础，遑论工业革命。至于德国和俄国那更是要到19世纪30年代和50年代才先后开始第一次工业革命。而在我们教学中所界定的19世纪70年代后爆发的“第二次工业革命”，在后发的国家是与第一次工业革命相重合的，甚至有的国家还没有开始工业革命，第二次工业革命就开始了，所以将近代工业化的过程简单划分为前后两次工业革命是有一定问题的。

第二次技术革命仅仅是工业革命的继续，是技术革新的一次新浪潮，是生产力发展的一次新飞跃和新阶段。我们之所以把第一次技术革命称作工业革命，是因为……它在生产力发展史上所造成的巨大变化在历史上是前所未有的。虽然第二次技术革命也导致了经济基础和上层建筑领域的变革，但还只是量的变化和部分质的变化，而不是社会面貌的根本改变。

——王章辉著：《世界历史第五册：工业化历程》，江西人民出版社 2012 年版，第 4 页。

正因为如此，在《中外历史纲要（下）》中将两次工业革命进行了整合，编者也将关于工业革命的一些内容放到了选择性必修教材中以供选修历史的同学进行进一步的探讨。

2. 为什么社会主义革命没有在发达国家率先爆发

共产主义革命将不仅是一个国家的革命，而将在一切文明国家里，即至少在英国、美国、法国、德国同时发生。

——中共中央马克思恩格斯列宁斯大林著作编译局：《马克思恩格斯文集》第三卷，人民出版社 2009 年版，第 528—529 页。

1847 年底，恩格斯在《共产主义原理》的第 19 个问题中对未来的革命做出了预测。在 19 世纪六七十年代初欧洲工人运动高涨时，马克思与恩格斯甚至预言“伟大的决战已经开始”，但是最终社会主义革命并没有像恩格斯所预言的那样在几个发达国家同时发生，那么社会主义革命没有在 19 世纪的资本主义强国获得成功的原因何在呢？

从客观上来看，无产阶级的斗争迫使资产阶级作出了让步。面对无产阶级此起彼伏日益激烈的斗争，资产阶级也意识到剥削如果加剧，势必会引发更大规模的斗争。同时无产阶级的悲惨境遇也引发了有识之士的良知。基于以上原因，在发达资本主义国家内部，依然占据统治地位的资产阶级有意识地对无产阶级作出让步，以此来消弭日益激烈的斗争。他们有的颁布法令提高工人的工作环境和待遇，德国、法国分别实施了一系列有关社会保障的法律法规，对工作时间、工资和退休等做出了新的规定。有些国家则通过立法赋予工人适当的权利，比如英国在 1875 年与 1876 年通过了给予非暴力罢工和工会组织合法地位的法律。通过这些手段，两大阶级的矛盾有所缓和。

就主观而言，无产阶级的斗争更多倾向于走议会道路。这一时期欧洲国家的政党习惯于借助议会斗争与和平的社会主义运动来争取权力。比如，德国的社会民主党在德国实行普选后，多次在议会选举中获得支持。这些“支持”并没有转换成权力，但却麻痹了一些无产阶级的斗争意识，他们逐渐忽视了阶级斗争的重要性，转而追求更加稳定和渐进的改革。

列强对殖民地的残酷剥削与科技革命的成果缓解了阶级矛盾。先进国家对殖民地的掠夺和剥削缓解了两大阶级的矛盾，同时也让一些无产阶级仅仅站在国家的角度看到殖民对宗主国的有利之处，忽视了全人类的解放。伴随第二次工业革命，生产力有了极大的提升，新兴科技成果不仅推动了新行业的诞生，也带动了传统工业的改造和革新，从而为无产阶级创造了充分的就业，生活水平不断提高。这也在一定程度上减缓了社会主义革命的到来。

第六单元

世界殖民体系与亚非拉民族独立运动

第一部分　单元解析

课程标准要求

高中课程标准对本单元的教学要求阐述如下：

通过了解西方列强对亚非拉的殖民扩张、世界殖民体系的建立以及亚非拉人民的抗争，理解世界殖民体系的建立及殖民地半殖民地民族独立运动对世界历史发展的影响。

单元主题解读

本单元的大标题“世界殖民体系与亚非拉民族独立运动”包含了两个关键词。首先，“世界殖民体系”一词从宏观上展现了新航路开辟后资本主义制度逐渐占据世界主导地位。“民族独立运动”则是在世界殖民体系的形成过程中，亚非拉地区人民面对侵略、奴役和殖民的必然反应。这两大关键词勾勒出了近代以来贯穿世界范围内，特别是亚非拉地区新的主要矛盾。

单元导言中一些关键短语：“随着新航路开辟”“随着工业革命的深化”“18世纪……19世纪中后期……到20世纪初……”，这些表述非常清晰地以重大历史事件和具体时间形式展现了世界殖民体系的形成过程。其最终结果呈现为“由少数资本主义国家奴役和控制世界上绝大多数国家和地区的极不合理状态”。正由于其“不合理”，因而殖民地和半殖民地人民争取民族独立的斗争才是历史的必然，其愈演愈烈之势完全符合历史发展趋势。

单元内容结构

本单元包括两课：第 12 课“资本主义世界殖民体系的形成”、第 13 课“亚非拉民族独立运动”，涵盖自 15 世纪末到第一次世界大战爆发之前，资本主义世界殖民体系的形成过程与亚非拉民族独立运动的发展脉络。两课内容存在明显的因果关系，宜作为一个整体统整后再行审视。

首先，两课主要内容按照世界殖民体系发展三个阶段的时序——新航路开辟后至 18 世纪中期、第一次工业革命至 19 世纪中期、第二次工业革命至 20 世纪初为我们充分呈现世界殖民体系逐步形成的过程，同时也涵盖了三个阶段内“亚非拉民族独立运动”发展过程和特点，完整彰显了时代的阶段性特点。

其次，每一课中都分别根据亚非拉三洲沦为殖民地的过程和独立运动的兴起与发展进行统整。这一结构有助于体现地域、文明、历史背景下殖民与民族独立运动的互为因果。最后单元内容统归于第 12 课“世界殖民体系的形成”一目，以自区域性的中观视角至世界性的宏观视角的转变作进一步体察、把握西方殖民扩张对于世界历史发展造成的影响。

核心素养水平建议

（1）能够全面理解资本主义世界殖民体系建立的历史必然性，辩证地认识其对于世界文明发展和社会形态演变的影响，同时正确把握其侵夺破坏的本质。以唯物史观认识广大亚非拉地区的人民群众在民族独立运动中所起到的重要作用。

（2）能够将亚非拉的殖民侵略与其民族独立运动置于世界近代史背景下，结合该地区历史地理等特点，进行综合、分析、比较。在审视亚非拉民族独立运动发展进程中关照具体时空对其源起、形式、结果等所造成的影响。

（3）能够通过西方列强对亚非拉地区殖民侵略的史实，认识列强对亚非拉文明进程所造成的破坏。通过相关史料了解亚非拉地区人民争取民族独立的英勇斗争的事迹，理解其性质和意义。

（4）能够在充分占有史料的基础上，全面、客观地评价殖民扩张对于加强世界联系，冲击亚非拉相对落后的社会经济体制，推动这些地区的经济发展与社会制度转型的意义。

（5）能够体悟亚非拉地区人民在民族危亡背景下，渴望独立、自由的强烈愿望，以及不畏求索、无惧牺牲的信念意志与革命精神。

第二部分　教材比较

与初中课程标准、教材比较

《中外历史纲要（下）》第六单元文本内容是《世界历史第一册》中的第五单元“走向近代”、《世界历史第二册》中的第一单元“殖民地人民的反抗与资本主义的扩展”的延伸，两者既有共性又有差异。

1. 课程标准相关内容表述

课程标准相关内容表述对比见表 6－1。

表 6－1　课程标准相关内容表述对比（第六单元）

初中课程标准	高中课程标准
1. 通过哥伦布、麦哲伦等航海家的探险活动，以及新航路开辟后的殖民扩张、物种交换和全球贸易，了解资本原始积累的野蛮性和残酷性，认识新航路开辟的世界影响，理解世界逐渐形成一个整体； 2. 通过了解拉丁美洲独立运动与印度民族大起义等史事，理解殖民地民族解放斗争的正义性和艰巨性	通过了解西方列强对亚非拉的殖民扩张、世界殖民体系的建立以及亚非拉人民的抗争，理解世界殖民体系的建立及殖民地半殖民地民族独立运动对世界历史发展的影响

初中课程标准对了解新航路开辟后的殖民扩张、物种交换和全球贸易、资本原始积累的野蛮性和残酷性以及拉丁美洲独立运动与印度民族大起义等殖民地人民的反抗等相关史事的了解提出了明确具体的要求。相较于初中课程标准注重史实介绍与历史叙事，高中课程标准则强调从更为宏大的世界近代历史的整体发展视角，从历史时空的纵横联系中去认识西方列强对亚非拉的殖民扩张、世界殖民体系的建立以及亚非拉人民的抗争，理解世界殖民体系的建立及殖民地半殖民地民族独立运动对世界历史发展的影响。高中课程标准更强调殖民侵略与独立之间的因果逻辑，较之初中的了解“拉丁美洲与印度的独立运动”，高中要求更深入

地分析和理解资本主义世界殖民体系建立与资本主义发展之间的联系，认识其产生的双重后果等。

2. 教材相关单元、课、目编排

教材相关单元、课、目编排对比见表6－2。

表6－2 教材相关单元、课、目编排对比（第3单元）

<table>
<tr><th colspan="2">《世界历史第一册》</th><th colspan="2">《中外历史纲要（下）》</th></tr>
<tr><td colspan="2">第五单元 走向近代</td><td colspan="2">第六单元 世界殖民体系与亚非拉民族独立运动</td></tr>
<tr><td rowspan="4">第16课
早期殖民掠夺</td><td>葡萄牙与西班牙的殖民掠夺</td><td rowspan="4">第12课
资本主义世界殖民体系的形成</td><td>拉丁美洲的殖民地化</td></tr>
<tr><td>英国的殖民扩张</td><td>亚洲沦为殖民地半殖民地</td></tr>
<tr><td rowspan="2">荷、法、英殖民争霸</td><td>西方列强瓜分非洲</td></tr>
<tr><td>世界殖民体系的形成</td></tr>
<tr><th colspan="2">《世界历史第二册》</th><th colspan="2">《中外历史纲要（下）》</th></tr>
<tr><td colspan="2">第一单元 殖民地人民的反抗与资本主义制度的扩展</td><td colspan="2">第六单元 世界殖民体系与亚非拉民族独立运动</td></tr>
<tr><td rowspan="3">第1课
殖民地人民的反抗斗争</td><td>拉丁美洲独立运动</td><td rowspan="3">第13课
亚非拉民族独立运动</td><td>拉丁美洲的民族独立运动</td></tr>
<tr><td rowspan="2">印度民族大起义</td><td>亚洲的觉醒</td></tr>
<tr><td>非洲的抗争</td></tr>
</table>

◆ 从内容编排看，《世界历史第一册》第五单元“走向近代”共4课时，单元主题聚焦14到17世纪，随着资本主义工商业的发展，西欧开始走上新航路开辟和早期殖民掠夺的道路，由此促进了资本主义的发展与世界市场逐步形成的历史进程。《世界历史第二册》第一单元“殖民地人民的反抗与资本主义制度的扩展”，共4课时，单元主题聚焦19世纪随着西方列强的殖民扩张，引发了拉丁美洲、印度的民族独立运动。《中外历史纲要（下）》第六单元“世界殖民体系与亚非拉民族独立运动”，共2课时，单元主题清晰地呈现了侵略与反抗的逻辑关系，既详尽介绍了西方列强的殖民侵略活动及其结果，又阐述了亚非拉人民为反抗殖民侵略、争取民族独立而展开的不屈不挠的斗争。了解西方列强建立世界

殖民体系以及亚非拉人民抗争的过程，进而理解殖民地半殖民地的民族独立运动对世界历史发展的重要影响。

较之初中教材，《中外历史纲要（下）》提及的“拉丁美洲民族独立运动”“亚洲的觉醒”和“非洲的抗争”，相比初中教材的“殖民地人民的反抗斗争”涉猎的内容范围更广，视野更宽。《中外历史纲要（下）》更强调全球视野下，亚非拉人民为反抗殖民侵略、争取民族独立而展开的不屈不挠的斗争，并且“亚洲的觉醒”部分还提及辛亥革命，与中国近代史的知识进行适当联系，可以加深学生的切身感受。

◆ 就知识点而言，《中外历史纲要（下）》第六单元相较于初中教材新增知识点大致有：“总督制”“农奴制”“荷兰英国和法国对拉丁美洲的殖民”“亚洲沦为殖民地半殖民地的过程”“柏林会议”“世界殖民体系的形成”“海地独立”“门罗宣言”“金元外交”和“大棒政策”“墨西哥宪法”“国大党”“伊朗立宪革命”“中国辛亥革命”“埃及反英侵略”“苏丹反英起义”“埃塞俄比亚反意战争”等内容。

《世界历史第一册》第五单元出现过的荷、法、英殖民争霸、玻利瓦尔和圣马丁领导的南美洲独立运动，印度民族大起义等内容《中外历史纲要（下）》不再重复出现。

◆ 从行文表述上看，《中外历史纲要（下）》在初中历史基础之上，语言更为简明扼要。

在谈到欧洲殖民者殖民侵略的历史影响时，《世界历史第一册》表述为“（欧洲殖民侵略）这一进程客观上有助于欧洲殖民国家的资本原始积累，有助于世界市场逐渐形成，但也给殖民地人民带来了深重的灾难。在此期间，欧洲文化传到殖民地，对殖民地社会的发展产生了深远的影响。”《中外历史纲要（下）》表述为“随着资本主义世界殖民体系的形成……世界越来越紧密地连为一体。与此同时，殖民统治和掠夺给殖民地半殖民地人民带来了深重的灾难，形成了人类历史上由少数资本主义国家奴役和控制世界上绝大部分土地和人口的极不合理的状态。被压迫人民的反抗斗争不断高涨”。通过“极不合理的状态”“反抗斗争不断高涨”等语句，重点从世界殖民体系形成的历史进程和影响来揭示世界殖民体系的形成与资本主义的密切关系，并引发了殖民地半殖民地人民的抗争与争取民族独立的运动。

与华师大版高中教材比较

《中外历史纲要（下）》第六单元“世界殖民体系与亚非拉民族独立运动”文本内容与华师大版《高中历史第四分册》第一单元“15—16 世纪西欧社会的演变”第 3 课“开辟新航路和早期殖民活动”、第五单元“资本主义世界体系的形成”第 19 课“资本的全球扩张与帝国主义瓜分世界”内容基本一致，但两者在内容的编排、详略、表述等方面存在一些差异。

◆ 从内容编排看，华师大版《高中历史第四分册》第一单元和第五单元的编排，更关注近代早期殖民扩张和进入垄断时期后以资本输出为强大动力的全球扩张的相关史实，更凸显史实的时序性。《中外历史纲要（下）》第六单元则依据大时序、小专题的编写体例，着重书写西方列强建立世界殖民体系的过程，以及亚非拉人民的抗争，以“世界殖民体系的建立”“亚非拉民族独立运动”构成背景与影响的逻辑链，统摄整个单元，编排上更关注历史发展的总趋势，叙事更为精简，更凸显单元整体性和主题性。

◆ 就知识点而言，相较于华师大版《高中历史第四分册》第一单元和第五单元，《中外历史纲要（下）》第六单元新增知识点大致有早期殖民扩张掠夺的具体罪行和亚非拉民族独立运动的详尽史实。华师大版《高中历史第四分册》中的苏伊士运河开通、巴拿马运河通航、列强争夺中东地区、美国提出“门户开放”等相关内容在《中外历史纲要（下）》第六单元中没有涉及。

◆ 从行文表述看，需要特别指出下列方面。

关于殖民扩张与掠夺的过程和影响，华师大版《高中历史第四分册》表述为：“有力地推动了资本主义的发展，同时也给亚、非、美洲人民带来了空前的浩劫。”《中外历史纲要（下）》则表述为“殖民扩张中断了美洲和非洲原有的社会发展进程，打破了原本相对平衡的多元文明格局，给当地人民带来了巨大灾难。印第安人被殖民者大量屠杀，他们的文明遭到毁灭性打击；很多非洲人在三角贸易中成为奴隶；亚洲的古老帝国也受到冲击”。相比较而言，《中外历史纲要（下）》的表述更为细化。

第三部分　核心问题释读

线索一　拉丁美洲的殖民地化与民族独立运动

随着新航路的开辟，拉丁美洲是最先遭到欧洲列强残酷掠夺和殖民的地区。在这一过程中，拉丁美洲的无数财富流入了殖民者的腰包，多姿多彩的印第安文明遭到毁灭性打击。为了弥补劳动力短缺，殖民者将大量非洲黑人贩卖到拉丁美洲，加之越来越多前来寻觅发展机遇的欧洲白人，在拉丁美洲的土地上逐渐形成了多人种、多民族混合杂居、同处共融的状况。

在此基础上，新的民族认同逐渐形成。追求独立、自由、平等的理想生根发芽，促使拉丁美洲人民最早踏上了争取民族独立的道路，比之亚、非两洲率先取得了一定的积极成果。然而，由于殖民根植下的恶果，名义上取得独立的拉美各国实际上仍无法彻底摆脱对列强的依赖，尤其是取代了西葡的英美强势介入，致使拉美各国长期政局动荡难安，经济发展缓慢。

1. 欧洲殖民者进行了怎样的殖民掠夺？

◆ **欧洲殖民者对于拉丁美洲“毫无人性”的掠夺**。

欧洲殖民者极为贪婪地对拉丁美洲的财富进行了掠夺，同时伴随对当地印第安原住民的残酷镇压甚至屠杀。丧心病狂的行径与其宣扬的基督教博爱、文艺复兴人本的思想形成鲜明对照。

> 殖民者从拉丁美洲殖民地掠夺了巨额财富。据统计，16、17 世纪时，西班牙在殖民地开采的黄金、白银超过当时世界总产量的 2/3，1500—1650 年，西班牙从美洲掠夺的黄金多达 180 吨，白银多达 16 000 吨。
>
> ——转引自《中外历史纲要（下）》第六单元第 12 课“学思之窗”栏目。

究其原因，除经济上掠夺的本质使其穷凶极恶外，至少还包含若干方面的因素。种族上，欧洲殖民者将拉丁美洲的印第安人视为劣等、野蛮、弱小的族群，与己身毫无共性。宗教上，早期航海家、探险者都打出传播基督教福音的旗号，然而，由于印第安人具有自身文化孕育的宗教信仰，于是，殖民者多将印第安人以异教徒视之。暴虐的屠杀和奴役自然成为种族、宗教旗帜庇佑下，毫无负罪感的理应之举。

新航路开辟后，欧洲各国纷至沓来，各国殖民当局都希望在尽可能短的时间里劫掠更多的财富。加之列强之间的斗争造成殖民地归属极可能产生变动，这就更加刺激列强在占领期间，无所不用其极地掠夺搜刮，几乎不考虑长时段的后果。此类过筛式的掠夺尤其出现在新航路开辟后最初的一两个世纪中，充分暴露出殖民者残忍、丑恶的嘴脸。

◆ **殖民者的掠夺对美洲和欧洲分别产生的影响**。

殖民者从美洲掠夺了巨额财富，加剧了美洲的贫困，影响了社会的发展。这些金银财富流入欧洲，引起货币贬值、价格暴跌，形成“价格革命”，造成对社会结构的巨大冲击。以土地地租和农业、手工业固定生产为主要收益来源的封建贵族、地主们的储积不可逆转地缩水，而抓住新航路开辟机遇，参与掠夺、贸易的殖民者迅速膨胀成为经济实权者，这也为西欧资本主义的发展准备了原始资本积累。

不仅如此，殖民者带有掠夺色彩的跨洲贸易进一步推动了世界市场的形成，使得世界各地的联系更趋紧密。在这一过程中，欧洲显然又是最大的获益者。

> 大多数的美洲白银通过大西洋运往西班牙以及整个欧洲市场，欧洲商人用它们交换亚洲市场上的丝绸、香料和瓷器。一些白银被运到墨西哥西部海岸的阿卡普尔科，然后用“马尼拉大帆船”经太平洋运抵马尼拉，再以各种方式流入亚洲市场。不管这些白银朝哪个方向流通，跨越了哪个大洋，它们迅速在整个世界流散开来，有力地刺激了全球贸易的发展。
>
> ——［美］杰里·本特利等：《新全球史：文明的传承与交流》，魏凤莲译，北京大学出版社 2014 版，第 272—274 页。

无论是单纯的掠夺还是贸易行为，客观上都改变了欧洲、美洲等地的物种种类，打破了千百年来自然形成的当地独特的生态环境结构。随之而来不同区域的人类饮食结构、生活习惯也出现了不小的变化。譬如在欧洲，来自美洲的玉米、番茄等食物经过品种改良进入了普通民众的餐桌。在美洲，更多种类的家畜与能够满足更多人口的高产作物被引进，所造成的影响不只限于生态，还包括经济、文化各领域的大变革。

2. 拉丁美洲的独立为何能迅速实现？

拉丁美洲独立与殖民造成拉丁美洲的新变化有着直接关联。18 世纪下半叶，拉丁美洲的工农业和商品经济已经较殖民者到来前出现了巨大的变化。大型农场、矿场、手工作坊以及新兴城市的出现，孕育着资本主义生产关系。于此相对应的却是殖民当局依然对殖民地进行肆无忌惮的压榨与剥削。高压、狭隘的殖民统治政策已经成为阻碍拉美资本主义发展的最主要障碍。

经济上的矛盾也反映在社会问题上，西班牙、葡萄牙殖民者占据着殖民地政治、经济各领域的上层位置，而殖民地土生白人、印第安人、黑人和混血人种只能处于从属地位。这一现实进一步激化了社会矛盾。

> 1810—1826 年拉丁美洲独立战争前夕，在社会各阶级之间，不同种族的居民之间，交织着异常复杂深刻的对立和矛盾。……土生白人和混血种人、印第安人、黑人之间，由于政治、经济地位的不同，由于种族的差异，存在着阶级矛盾和种族矛盾；但是，从整个社会看，民族矛盾是当时社会的主要矛盾，除“半岛人”外，他们都在不同程度上遭受西班牙殖民统治的束缚和残酷的压迫；他们共同要求摆脱殖民统治。正是在这个共同处境和共同要求的基础上，广大殖民地人民联合起来，为推翻殖民统治，争取自由独立而斗争。
>
> ——王春良：《拉丁美洲民族民主运动史论》，
> 中国地图出版社 1992 年版，第 35 页。

欧洲爆发的启蒙运动与法国大革命也从思想与国际形势两大方面推动了拉美独立的实现。启蒙运动中平等、自由、博爱、人权等精神唤醒了拉美地区有识之士走上与殖民者斗争的道路。这些有识之士们甚至直接参与美国的独立战争和法国大革命，为拉美独立积累了经验。1789 年爆发的法国大革命更是直接提供了拉美独立的有利时机。席卷整个欧洲的拿破仑战争在很大程度上削弱了拉丁美洲主要宗主国法国、西班牙、葡萄牙的实力，动摇了它们对于拉美殖民地的控制。战争过程中，英国在海上对欧洲大陆西海岸所采取的封锁政策，也造成法、西、葡等国与殖民地的联系一度断绝。趁着这些宗主国忙于欧洲战争、实力下降的机会，拉美各地掀起了轰轰烈烈的独立运动，可谓抓准了时机。当然在拉美的独立过程中，杰出领袖的作用不可忽视。玻利瓦尔、圣马丁就是其中代表。他们在拉美南北战场上立下赫赫战功，对于终结拉美的殖民统治做出了重要贡献。

3. 拉丁美洲是否真正获得了独立？

18 世纪末 19 世纪初的拉美进行了持续将近 40 年的独立战争后，推翻了西班牙、葡萄牙等国在拉美的殖民统治，建立起了新兴的独立共和国。这些共和国基本上废除了封建等级制和罪恶的奴隶制度，实现了自由贸易，资本主义经济得到发展。与此同时，独立后的各国都不同程度地表现出各种殖民时代留下的政治、经济和社会问题。

独立后的新国家所面临的许多问题是难以解决的。经过一个半世纪的努力之后，没有一个（拉美）国家能够成功地解决所有问题。

——［美］E. 布拉德福德·伯恩斯：《简明拉丁美洲史》，
湖南教育出版社 1989 年版，第 170 页。

◆ **美国对拉丁美洲进行新的干涉。**

拉美独立后，美国逐渐取代西班牙、葡萄牙在拉美的地位。通过更为隐蔽的政治、经济、军事威胁的方式，来获得相关利益。1823 年 12 月，美国总统门罗在国会咨文中宣称：美国不干涉欧洲事务，但也反对任何欧洲国家干涉美洲事务或在美洲进行新的殖民。“门罗宣言”的发布，暴露了美国将拉美地区视作自己“后花园”的野心。此后，美国加紧通过经济和武力威胁相结合的手段，将美国的利益不断渗透进拉美各国的施政决策中，对于拉美各国内政外交的运作具有重要的影响力。客观上，强力摒除欧洲列强的干涉对于拉美各国的独立自强具有切实积极的意义。

然而，在“美洲人的美洲”口号下，美国对于拉丁美洲的“金元外交”和“大棒政策”大行其道，拉美地区一定程度上俨然呈现出一副“美国人的美洲”之态势。美国牢牢掌控了拉美一些国家的经济命脉。一个不容忽视的现象是，直至 20 世纪 20 年代末期，外国资本依然牢固地掌握着该国石油工业的命脉。1929 年的数据显示，墨西哥石油工业的投资总额已突破 10 亿比索大关，其中，美国资本的投入尤为显著，占据了超过 6 亿比索的份额，而英国资本也紧随其后，投资总额超过 3 亿比索。这一数据不仅揭示了外国资本在墨西哥石油工业中的主导地位，更凸显了美国资本在墨西哥多个关键经济领域，如矿场（78%）、冶金企业（72%）和橡胶生产（68%）中的广泛控制力。

◆ **拉美国家内部军人干政，矛盾丛生。**

许多历史学家都认为，在拉美，“19 世纪前半叶是以政治变动和不稳定为特征的”。而政局动荡的主要根源在于“考迪罗”。

——江时学：《拉美二百年发展进程中的五大难题》，
《世界历史》2011 年第 1 期，第 57 页。

“考迪罗”是西班牙语 Caudillo 的音译，意为“首领”或“头目”，主要指的是在拉美独立战争期间自行组织的武装力量，或者是非正规军的首领。这些“考迪罗”在拉美独立战争中为美洲国家的独立做出过贡献，然而战后，这些军事首领为了维护自身利益，集中巩固已有自身权力，拒绝将地方权力转移到中央政府手中，甚至为此与中央政府兵戎相见，不同“考迪罗”之间也会为了利益而发生武装冲突。

墨西哥是拉美独立战争后最不稳定的拉美国家之一。在 1824—1848 年期间，墨西哥发生过二百多次军事政变，更换了 31 个总统。军事独裁者桑塔·安纳在 1833—1855 年期间曾 6 次成为墨西哥总统。持续近半个世纪的流血冲突使国民经济陷入了停滞不前的困境。

——江时学：《拉美二百年发展进程中的五大难题》，《世界历史》2011 年第 1 期，第 57 页。

之所以会出现“考迪罗”现象，简单来说与拉美独立战争的性质有关，它是一场民族独立运动，但并非一场资产阶级革命。参与独立运动的众多领导者往往都是拥有大量地产的地主，他们是最早产生独立意识的一群人，但同时他们也是在殖民地拥有诸多利益的一群人。这个群体凭借着自身的经济实力参与拉美独立战争中，并且在战争中实力不断做大。在赶走殖民者后，拉美各国普遍缺少一个强有力的凝聚力，这些地方势力逐渐从拉美独立战争的参与者转变为保卫自身实力的地方军阀，造成了之后影响拉美政局的不稳定因素。

在经济上，独立后的美洲许多国家没能改变殖民时期的社会经济基础——大地产制。还是以拉美的墨西哥为例。1910 年，墨西哥再次爆发资产阶级革命，在农民起义军的支持下，终于赶走了独裁者。1917 年，一部全新的资产阶级宪法在墨西哥得以颁布。

国家领土范围内土地与水流之所有权本属国家……国家在任何时候皆有权利对财产加以限制……应采取必要措施以分散大地产；发展小土地持有制……一切矿物，或存在于矿脉、矿层、矿块或矿床中构成矿藏之物质……其所有权皆直接属于国家……

——1917 年墨西哥宪法，周一良、吴于廑总主编，蒋相泽主编：《世界通史资料选辑·近代部分》，转引自《中外历史纲要（下）》第六单元第 13 课“史料阅读”栏目。

从墨西哥的革命与宪法中不难发现，拉美地区宣称国家独立之际往往仅是民族国家独立任务的开始。此后，继续推进民族民主革命，摒除外国干涉，解决本国大地产所有制和考迪罗军事首领摄政问题几乎是拉美各国共同面对的难题。只有切实解决了殖民时代留下的阻碍国家正常健康发展的病灶，才能使拉美各国国内局势稳定，才能有助于拉美人民放开手脚进行国家建设。

线索二 亚洲沦为殖民地半殖民地与觉醒

与非洲和拉丁美洲相比，殖民时代到来前的亚洲已经存在更为成熟的文明和更为强盛的帝国。这就意味着欧洲殖民者将亚洲分化为其殖民地半殖民地的过程必将遭到激烈的抵抗和挑战。于是，殖民者往往先打着通商贸易的旗号，掩盖殖民掠夺的獠牙。但是，随着工业革命造成欧亚国家实力出现真正的代差，西方殖民者对于亚洲的冲击不再是渐进式的，最终转变为暴戾无耻又急不可耐，对于亚洲传统政治、经济、社会、文化等各个方面都产生了破坏性、颠覆性的影响。在此过程中，亚洲下层民众的起义反抗屡禁不绝，上层统治者们也被迫开始进行一系列变法图强的改革。在不甘沦亡的时代强音中，整个亚洲从酣睡中逐渐醒来。

1. 欧洲殖民者在亚洲的早期殖民活动有何特殊之处?

欧洲殖民者在各洲的殖民活动都呈现出伴随其资本主义政治经济发展状况而渐进扩展深入的特点。殖民者在非洲的活动区域大致局限在非洲沿岸，贸易接触的对象多限于非洲当地的统治阶层。在拉丁美洲，殖民者设立了专门机构进行直接统治，很大程度地移植了宗主国的制度。15—17世纪在亚洲地区，由于欧洲殖民者仍实力有限，以掠夺“真金白银”为首要目标的重商主义政策大行其道。其主要采取在亚洲各沿海口岸设立殖民据点的方式来控制商路，获取垄断性的商业利润，同时也依赖这些据点进行传教、文化输出的活动。

> 对亚欧大陆东部国家廉价商品的进军，尽管总是带着炮火的硝烟、甚至鸦片的异味，但它是“历史向世界历史的转变”的一个客观的历史过程。它反映大工业不仅已把世界各国人民互相联系起来，把所有地方性的小市场联合成为一个世界市场，而且它“使各文明国家发生的一切必然影响到其余各国”(例如今天英国使用的新机器，一年以后它就会夺走印度千千万万人的饭碗)，甚至引起这些国家整个生存形式的改变。所以自由资本主义时期的殖民侵略对东方社会的影响远比前一时期深刻得多。它不仅仅触动社会的

表面，而且开始触动到亚洲社会的经济基础。在西欧列强的殖民浪潮冲击下，东方世界原本自给自足的自然经济开始解体。

——高岱、郑家馨、张在华、夏方晓：《世界历史第25册：殖民扩张与南北关系》，江西人民出版社2011年版，第103页。

这种区别归根到底是由列强与殖民对象之间不同的实力差距造成的。亚洲绝大多数国家和地区都早已存在较为完备的政治制度和一定军事实力的封建国家，这对于并未完全进入工业时代的西方列强而言，是一块极难啃的骨头。亚洲文明本身的璀璨程度，亚洲各国的人口基数与既有的产业种类，都极大增加了欧洲殖民者在早期征服亚洲的成本与难度。对非洲和拉丁美洲的占领也分散了殖民者的力量，使其更倾向于暂时选择更为怀柔的手段攫取利益。

2. 亚洲走上近代工业文明之路与西方列强的殖民有何关联？

西方列强对于亚洲的殖民本质上是对于殖民地充满恶意的劫掠，造成了对亚洲古老文明的极大破坏，带来了深重的灾难。但同时，在客观上也对于亚洲的觉醒和走上近代工业文明之路产生了一些积极影响。伴随殖民而来的先进的工业文明因子改造了亚洲传统、落后的社会经济体系，缔造了新的生产方式，促进了亚洲各地由浅入深地在各个层面的社会大变革与大发展。

廉价的工业制品首先冲击了亚洲各地传统的手工业市场，造成传统男耕女织式的小农经济与家庭手工劳动的解体。实际上，西方列强的殖民对于传统经济的破坏很大程度上，不仅是通过经济规律或手段，挤压、淘汰亚洲传统的经济模式，而是通过更为专横霸道的方式，比如不平等条约或者直接依靠殖民地政府的强制政策等来实现其经济目的。

英国在印度要完成双重的使命：一个是破坏的使命，即消灭旧的亚洲式的社会；另一个是重建的使命，即在亚洲为西方式的社会奠定物质基础。

——［德］马克思：《不列颠在印度统治德未来结果》，《马克思恩格斯文集》第二卷，转引自《中外历史纲要（下）》第六单元第12课“学习拓展”栏目。

欧美列强在破坏、征服亚洲传统社会的同时，客观上将工业文明生产模式、经营方式、组织结构等展现在了亚洲人民面前，影响了一大批亚洲的有识之士开始学习、模仿，进而走上符合自身文明特点的近代工业文明之路。

亚洲的近代发展历程部分契合了西方列强主观上谋取更大利益的初衷，因此，西方列强在一定程度上也对其发展给予了便利。在不少亚洲的殖民地和半殖民地，其近代模式的工厂、城市公共设施、交通运输技术、印刷与报刊文化产业等几乎都是殖民者最早创立并发展出来的。此后，这些实体设施与运作思路基本留在了殖民地，成为亚洲近代发展觉醒的基础之一。

3. 何以将亚洲对抗帝国主义列强的殖民侵略过程，称之为“觉醒”？

亚洲的“觉醒”一般指其民族民主意识的觉醒，意味着亚洲各国的历史进入了一个新的发展时期。一方面争取民族解放，另一方面推动资本主义发展，反帝反封建成为斗争的主要特点。

> 我以为东方正从酣睡中觉醒。在中国，它表现为一种显著的反抗外族的态度，偏向“中国是中国人的中国”的理想；在波斯……觉醒似乎表现为偏向民主改革的形式……非常引人注目的是，这些不满的迹象同时出现，不能纯粹归于偶然。谁知道呢？或许东方真的正从其酣眠中觉醒，我们即将目睹一场数百万不满者反对寡廉鲜耻的西方剥削的起义。
>
> ——编者摘自［英］爱德华·G. 布朗：《1905—1909 年波斯革命》英文版，转引自《中外历史纲要（下）》第六单元第 13 课“学习拓展”栏目。

近代的民族主义是随着欧洲民族国家出现而出现的，是资产阶级革命的产物，是启蒙思想发展的结果。随着亚洲遭受帝国主义列强严重的殖民侵略，近代民族观念也在影响亚洲人民，尤其是有识之士和上层精英脑海中出现。先觉醒者总是有义务和信念去唤醒更多的普通大众，也只有大众的觉醒才能称之为真正意义上的觉醒，才能真正形成推翻反动势力压迫的巨大力量。比之亚洲而言，其他洲反抗殖民斗争的过程或是在推动资本主义发展方面表现得不够明显，或是在推翻本民族固有的统治势力方面缺乏相应意识。故而，又称亚洲为“觉醒”。

4. 亚洲的民族民主运动中反封建要求与反帝要求之间具有怎样的关联？

在亚洲的民族民主运动中，反封建与反帝的要求几乎是不可分割的。这首先是由西方列强对于亚洲的统治方式造成的。西方列强在亚洲部分人口庞大的文明区域采取了间接统治的方式，保留了当地既有政权，而基于此前亚洲地区成熟的文明形态，这些既有政权往往都是封建政权。后者逐渐沦为西方列强统治的代理人、傀儡与走狗。那么，不革除既有政权是绝不可能抵挡住列强侵略的脚步的。

从更广大地域和领域而言，对抗帝国主义侵略并不仅仅表现在军事、政治层面，很大程度上也反映在经济方面。只有推翻、破除根深蒂固的封建经济，才能推动本国近代资本主义经济的发展，才能从实力上获得提升，最终具备与西方列强较量的可能。从思想文化层面同样如此，当落后的封建观念与行为准则成为禁锢发展、奴役殖民地人民的工具时，反帝与反封建就自然联系在了一起。

线索三　非洲被列强瓜分与自身的抗争

从新航路开辟欧洲殖民者踏上非洲大陆起，一直到20世纪初非洲被西方列强瓜分殆尽，非洲经历了一个由表及里、由沿海到内陆的剧烈变化过程，延续了数千年的传统非洲文明遭到了严重的冲击。面对野蛮贪婪的殖民者、虔诚狂热的传教士，面对热兵器时代可怖的枪炮、工业文明时期廉价实用的工业品，非洲人出于自卫的本能与习惯性认知进行了普遍的抗争。武装斗争的形式贯穿了整个非洲殖民史，延缓了非洲被列强瓜分的速度，为非洲在未来获得真正的独立埋下了火种。

1. 如何认识黑奴贸易的兴衰?

◆ **黑奴贸易造成的影响。**

黑奴贸易是造成非洲大陆传统文明衰落，经济发展长期迟滞的重要祸根。自新航路开辟至20世纪初，长期存在的合法与非法的黑奴贸易造成非洲大陆大量人口流失，其中更是以一代又一代的青壮年为主。人口流失造成的绝不仅仅是劳动力不足，社会的发展活力、创造力、进步的可能都随之泯灭。黑奴贸易本身有大量非洲当地部落、国家上层的参与，直接造成族群与族群、部落与部落、国家与国家之间不可调和的仇恨与矛盾。动荡的情势、分裂的局面本就是殖民者有意造成的，而对于非洲大陆而言，这就是无法改变又无能为力的可怕灾难。

与黑奴贸易在非洲造成的灾难截然相反，其对于欧美列强而言却有着促进资本主义发展、社会进步之“功”。黑奴贸易不仅给少数捕奴者、贩奴者以巨大利润，更是在广大范围内给予美洲各种资本主义经济模式以迅速发展的推动力。黑奴这一廉价劳动力的存在，使得西方列强在欧洲与美洲等地的原始积累变得更为顺畅。其毁灭美洲印第安文明的过程也变得更为肆无忌惮。

贩奴船到美洲后，卖给种植园的奴隶价格一般比在非洲的买价高30~50

倍。商人用出卖奴隶的钱购买美洲种植园和矿场由奴隶生产的农矿原料，如蔗糖、棉花、烟草和金银铜等，运回欧洲。

——王斯德主编：《世界通史·工业文明的兴盛：16—19世纪世界史》，华东师范大学出版社2003年版，第221页。

黑奴贸易在客观上也造成了美洲大陆人口混居和文化融合的新状况。这一状况可能在黑奴贸易出现后的几十年中即已呈现出明显的样貌，但其造成的影响将缓慢地发酵，对整个美洲地区在政治、经济、文化等各个方面重构的过程持续了几个世纪之久，其带来的复杂性和可能性，至今仍难以断言。

2. 如何看待19世纪后期西方列强对于非洲的彻底瓜分？

◆ **欧洲探险者对于非洲腹地的探险。**

在好奇心、探究精神、经济和宗教等因素共同促使下，对于非洲腹地的探险行为，其本身对非洲的自然与人文地理状况具有重要的价值与意义。借助近代西方的科学技术研究非洲大陆的动植物资源，不仅利于完善、丰富人类对于自然体系的认知，更可能使其得到更好的利用与保护。因此，部分欧洲探险者身上所展现出的探索开拓的冒险精神和勇敢无畏的态度是值得嘉许的。

大卫·利文斯顿是英国著名的探险家和传教士。1852年4月，他开始了对非洲的第一次地理考察旅行。他先到达非洲西海岸，然后沿赞比西河而下，到达东非海岸城市克利马内，横穿了非洲大陆。他一路上考察了当地的资源、农业、人民生活和风俗习惯等方面的情况。1858年利文斯顿率人对非洲进行了第二次考察活动。这一次，他溯赞比西河而上，考察了马拉维湖一带，到达了今天坦桑尼亚和莫桑比克交界的鲁伍马河流域。

——《历史必修中外史纲下·教师教学用书》，人民教育出版社2021年版，第161页。

18世纪后期到19世纪后期的非洲腹地探险行为，确实为西方列强进一步侵略瓜分非洲准备了地理和人文资料，客观上加速了非洲的殖民化过程。不少欧洲探险者本身具有官方身份或受到政府、教会等方面资助，其对于非洲大陆的探索成果迅速转化为西方列强对于非洲腹地侵略、瓜分、占领、掠夺的依据，更成为在国际舞台上，列强制定相应政策、划分势力范围的直接助力。

◆ **1884年的柏林会议造成的恶果。**

由于欧美列强在非洲的争夺愈加激烈，尤其各国在刚果河流域互不相让，没有直接利害关系却又一心想要增加德国在非洲问题上发言权的首相俾斯麦倡议召开国际会议，解决非洲问题。

1884 年柏林会议最终达成《总决议书》，规定任何国家在非洲占领新的土地，必须通知其他列强的“有效占领”原则。会议决定各国可以先在地图上划定彼此势力范围，然后再去占领，因此也被称为“地图上作业”的会议。

> 今后占据目前在其领地外的非洲大陆沿岸地区某领土的国家，或迄今没有这类领地而即将获得这种领土的国家，以及将要承担保护权的国家，应该向本议定书的签约国呈送与此有关的相应文件及声明，以便使后者在必要时有可能申述自己的要求。
>
> ——《柏林会议关于非洲的总议定书》，《国际条约集（1872—1916）》，转引自《中外历史纲要（下）》第六单元第 12 课“史料阅读”栏目。

柏林会议之后，列强瓜分非洲的速度大大加快，纷纷明确或制定侵吞非洲的国家计划，如英国从开普敦到开罗的“二 C 计划”、法国从塞内加尔到索马里的“二 S 计划”。柏林会议并没有彻底消弭列强之间的矛盾，反而刺激各国更迅速展开行动。到 1914 年，非洲 96%的土地被欧洲列强占领。而且由于各国直接进行势力范围和占领区的分割与交易，造成非洲各国的国境线多以经纬线、横平竖直地进行粗暴的划定。甚至为了分化统治的便利，列强有意违背非洲当地历史、风俗、族群等因素，留给当地难以调和的矛盾和绵延至今的遗祸。

3. 非洲人民反抗帝国主义侵略具有哪些重要特点？

面对帝国主义的侵略，武装斗争成为非洲人民抗争最主要的形式。这个特点是由列强与非洲当地两方面因素共同造成的。一方面，西方列强对非洲大陆的侵夺一贯采取强烈霸道的方式手段，使用武力直接侵略、占领成了西方列强眼中惯常而有效的做法。另一方面，由于非洲本身生产力落后，社会阶层严重分化，新的生产方式和阶层并没有彻底出现，绝大多数非洲人没有接受过西方模式的思想、价值观念教育，故而他们仍然习惯服膺于过去的统治者与非洲传统的文化观念。面对侵略者的枪炮，持枪炮应对成为最直接的反抗形式。

在非洲各国的抗争过程中，动员民众的力量和范围呈现出多样化的特点。一种是借助西方文明的力量。1879—1882 年，在埃及反抗英国殖民当局过程中诞生了非洲第一个民族主义政党——祖国党。其主要参与者是以阿拉比为首的受过西方军事训练的爱国军官和受到西方文化熏陶的埃及当地资产阶级和知识分子。另一种是借助宗教的力量。1882 年英国军队侵入苏丹后，当地借助伊斯兰教力量的马赫迪（救世主）起义给予殖民者以迎头痛击。在马赫迪起义的发展过程中，以宗教为纽带，整合起苏丹各部族的力量，促进了苏丹近代民族意识的觉醒。另外，上层统治者的作用也不容忽视。埃塞俄比亚皇帝孟尼利克在此起到了关键作用，在他的号召与组织下，全国各阶层万众一心，集结 12 万军队，在北部重镇阿杜瓦地区堂堂正正地击败了意大利侵略军。这一战果震动了整个世界，打破了欧洲列强不可战胜的神话，也为埃塞俄比亚赢得了国际认可与尊重。

> 埃军在装备上虽然比不上意军，但在人数上占有优势，总兵力达 12 万人，并事先作好了充分的准备。经过 3 个多小时的激战，意军被彻底击败，当场战死的约有 6000 人，伤 1428 人，伤亡占总人数的 43%，另有 1800 名意大利人被俘。
>
> ——艾周昌、郑家馨：《非洲通史》（近代卷），华东师范大学出版社 1995 年版，第 720 页。

历史之音

1. 如何认识“门罗主义”在美国外交政策的作用与地位

> 19 世纪初，以“门罗主义”为代表的美国外交政策的变化不仅对美国产生重要影响，而且对整个拉美地区及世界都产生重要影响。不仅继承美国一贯的“孤立主义”对外政策，而且为美国国内经济发展提供了稳定的市场。同时，既为美国避免与欧洲国家发生正面冲突又实现美国在拉美地区的势力扩张，树立了良好的国际形象。为以后美国跻身世界性强国打下坚实基础，影响以后的世界格局。
>
> ——冯超：《试析 19 世纪初美国的对外政策——以“门罗主义”的两重性为例》，《考试周刊》，2025 年第 73 期。

“门罗主义”的制定对美国建国后的发展有着非常重要的作用。

1823 年 12 月，美国总统詹姆斯·门罗在国会发表国情咨文时宣称：

> 我们没有干涉过任何欧洲列强的现存殖民地和保护国，将来也不会干涉。但是我们对于那些已经宣布独立并保持着独立的，同时他们的独立，我们经过仔细考虑，根据公正的原则，加以承认的国家，任何欧洲列强为了压

迫它们或以任何方式控制它们的命运而进行的任何干涉，我们只能认为是对合众国不友好的态度的表现。

——周一良、吴于廑：《世界通史资料选辑·近代部分》，商务印书馆 1983 年版，第 349 页。

门罗所阐述的关于欧洲与拉美地区的政策理念，后来被精练地概括为“门罗主义”，这一主义实际上是美国自建国以来孤立主义与扩张主义思想的融合体现。

孤立主义作为美国早期外交思想的核心，根植于其建国初期的历史背景。当时，新生的美国在国力上远不能与欧洲列强相提并论，因此，在处理国际事务时，美国倾向于优先发展与各国的商务关系，而刻意回避政治领域的深入交涉。这种策略旨在避免被卷入欧洲的复杂事务之中，既不与任何欧洲国家发生直接的敌对冲突，也不轻易缔结可能将自身拖入战争泥潭的同盟条约。孤立主义不仅反映了美国对自身实力的清醒认识，也体现了其保护新生国家免受外部干扰的强烈愿望。

然而，“门罗主义”并非单纯的孤立主义，它还蕴含着扩张主义的元素。这一主义在强调美国不干涉欧洲事务的同时，也明确提出了对拉美地区的“特殊利益”和“保护”责任。这实际上是美国在自身实力逐渐增强的基础上，试图在拉美地区建立影响力、排除欧洲列强干涉的一种扩张性策略。

综上所述，“门罗主义”是美国早期外交政策中孤立主义与扩张主义相互交织的产物。它既体现了美国对自身实力和国际地位的清醒认知，也反映了其随着国力增强而逐渐产生的地区霸权和扩张野心。这一主义对美国后来的外交政策和国际地位产生了深远的影响。

除了孤立主义之外，美国自其建国伊始，便在北美大陆上实施了一项持续而坚决的扩张政策。这股扩张潮伴随着大量移民的涌入和对更丰富资源的渴望而愈发汹涌。在此过程中，美国政府以拯救那些被视为“落后”和“未开化”的土著民族及其他种族为借口，展开了大规模的领土扩张行动。

为了给自己的扩张行为披上合法的外衣，美国政府精心打造了一套以“天命论”为基石的“民主政治”理念。他们宣称，上帝已经赋予美国人一种特殊的使命，那就是传播“美利坚式文明”，让民主政治的福祉惠及更广泛的人群。这种理论不仅为美国的扩张行为提供了道德上的正当性，还激发了美国人对于建立一个前所未有的“自由帝国”的强烈渴望。

在这个“自由帝国”的构想中，美国政府试图将自身的政治制度和价值观念强加给其他国家和民族，通过领土扩张和文明传播，实现一个由美国主导的全球秩序。这种扩张政策不仅改变了北美大陆的地缘政治格局，也对当地土著民族和其他弱小种族造成了深远的影响，甚至引发了长期的冲突和抵抗。

因此，可以看出，美国在孤立主义之外，还始终秉持着一种强烈的扩张主义倾向。这种倾向在“天命论”和“民主政治”的掩护下，推动了美国在北美大陆的领土扩张，并试图建立一个以美国为核心的“自由帝国”。

而“门罗主义”正是这两种外交政策的结合。一种观点认为“门罗主义”是“金元外交”和“大棒政策”的前奏，具有扩张性，是美国从“孤立”走向扩张的重要环节。持这一观点的学者指出，美国提出“美洲是美洲人的美洲”这一口号，反对欧洲国家干涉美洲事务，是为了消除异己，凭借优势在美洲建立霸权。

而另一种观点则认为“门罗主义”更多地具有防御性，与其说它是“金元外交”和“大棒政策”的前奏，不如说它是美国早期“孤立主义”的变种。持这一观点的学者指出，美国提出“门罗主义”时，自身的经济实力尚不强大，无需广阔的海外市场。与此同时，欧洲依然占据优势地位，俄国、英国等国对拉丁美洲虎视眈眈。缺乏强大军事实力做后盾的美国不愿意与欧洲国家产生正面冲突，于是提出“门罗主义”，希望建立一个与欧洲体系彼此脱离的美洲体系。“门罗主义”出台后的一段时间内，美国很少直接插手拉美事务。

值得注意的是，在传播发展的过程中，“门罗主义”也漂洋过海来到欧亚大陆，并且与当地的空间与政治相结合。“美洲是美洲人的美洲”这一口号在不同的区域，激发了“欧洲是欧洲人的欧洲”“东亚是东亚人的东亚”“非洲是非洲人的非洲”等不同变体。

2. 如何正确理解殖民地、半殖民地、半殖民地半封建社会的含义?

在《中外历史纲要（下）》第六单元中相继出现了一系列有关世界殖民体系的发展形成的基本概念，其中包括殖民地、半殖民地、半殖民地半封建社会。厘清这些基本概念，一方面有利于我们更好地引导学生理解世界殖民体系与亚非拉民族独立运动的发展，另外也能体会到这些概念背后的深意。

> （殖民地）最初指一国在国外所侵占并大批移民的地区。在资本主义时期特别是在帝国主义阶段，指遭受外来侵略、丧失主权和独立、在政治和经

济上完全由宗主国统治和支配的地区。在广义上，还包括在不同程度上失去政治和经济上的独立而依附于外国的被保护国、附属国等。

——辞海编辑委员会：《辞海（第七版）》缩印本，上海辞书出版社 2022 年版，第 1864 页。

殖民地这个概念从古至今存在着一个演变的过程。古希腊城邦就曾经对地中海沿岸进行过“殖民”。这一时期的殖民更多相当于移民，即人口的迁徙。新航路开辟后欧洲移民前往北美许多无人之处，也往往被称为“殖民”。这种“殖民”并没有被赋予更多的褒贬含义。

当西方列强采取武力手段入侵已经存在着的美洲国家，对当地进行奴役、掠夺时，我们所熟悉的“殖民”就登上了历史舞台。

这个时代的典型的国家形式不仅有两大类国家，即殖民地占有国和殖民地，而且有各种形式的附属国，它们在政治上、形式上是独立的，实际上却被金融和外交方面的依附关系的罗网缠绕着。上面我们已经说过一种形式——半殖民地。

——［苏］列宁：《帝国主义是资本主义的最高阶段》，《列宁全集》第二十七卷，人民出版社 1990 年版，第 398 页。

1915 年，列宁在《社会主义与战争》一文中首次使用了“半殖民地”这一概念。在图标中将中国同波斯、土耳其等一并列入“半殖民地”国家。并且在翌年的《帝国主义是资本主义的最高阶段》中对“半殖民地”进行了定义。

列宁提出来的“半殖民地”，其含义主要是就国家地位而言的，它强调资本主义帝国主义入侵所引起的被侵略国的国际地位的变化。在国际地位变化的同时，半殖民地的政治、经济和文化也在帝国主义的入侵下发生了变化。在政治上，帝国主义通过战争打败主权国家之后强迫与之订立了许多不平等条约，并根据不平等条约取得了政治上的特权。在经济上，帝国主义根据不平等条约控制了被征服国家的经济命脉，并将其变为原料产地和资本输出及商品输出地。在文化上，帝国主义更是采取各种看得见与看不见的方式进行文化侵略，传播其思想。

中国过去三千年来的社会是封建社会，前面已经说明了。那末，中国现在的社会是否还是完全的封建社会呢？不是，中国已经变化了。自从一八四〇年的鸦片战争以后，中国一步一步地变成了一个半殖民地半封建的社会。

自从一九三一年九一八事变日本帝国主义武装侵略中国以后，中国又变成了一个殖民地、半殖民地和半封建的社会。

——毛泽东：《中国革命和中国共产党》，《毛泽东选集》第二卷，人民出版社 1991 年版，第 626 页。

最后谈谈中国的“半殖民地半封建社会”。

1924 年 9 月，蔡和森明确提出“半资产阶级和半封建社会”的概念。1926 年 9 月 23 日，莫斯科中山大学国际评论社编译出版的中文周刊《国际评论》发刊词中首次出现了“半殖民地半封建”一词。1928 年 6 月，中共六大决议对中国社会的半殖民地半封建性质有了较明确的认识。1929 年，中共中央首次使用“半殖民地半封建”概念。

1939 年，毛泽东在《中国革命和中国共产党》中对中国社会性质作了深入系统的考察分析，不仅揭示了半殖民地半封建社会的形成过程，而且概括了近代以来半殖民地半封建社会形成的历史过程及基本特点。之后“半殖民地半封建社会”理论逐渐完整定型，虽然对中国半殖民地半封建社会的时间界定各家略有不同，但是这个理论已成为中国共产党民主革命理论的基本出发点。

就“半殖民地”与“半封建”的关系而言，学者们更多倾向于认为“半殖民地”正如列宁当初提出这个概念时一样，更多指向国家地位，指的是民族不独立，着重是对外的一方面；而“半封建”则更多指向经济、对内的一面。在半殖民地半封建社会中，随着资本主义的入侵，封建制度开始崩溃，但还没有形成独立的资本主义。

第七单元

两次世界大战、十月革命与国际秩序的演变

第一部分　单元解析

课程标准要求

高中课程标准对本单元的教学要求阐述如下：

通过了解两次世界大战，理解20世纪上半期国际秩序的变动；了解列宁领导的十月革命爆发的原因、过程，理解十月革命的世界历史意义；理解两次世界大战之间亚非拉民族民主运动对国际秩序的影响。

单元主题解读

本单元的大标题“两次世界大战、十月革命与国际秩序的演变”包含了三个关键词。“两次世界大战”既是20世纪上半叶的世界重大历史事件，同时又界定了本单元的时空概念，时间上从20世纪初至1945年，空间上将密切联系的世界视为一个整体。“十月革命”作为一战后期爆发的重要历史事件，既与一战密切相关，又改变了20世纪的世界格局。“国际秩序的演变”着重勾勒在两次大战、十月革命等多件大事的发生和世界局势的演变，即新航路开辟以来以欧洲为中心的世界格局逐渐走向衰落，美苏对峙的两极格局即将形成。

在本单元的导言中，有两点表述值得关注。

一是“世界形成密切联系的整体”，这是新航路开辟以来世界从分散走向整体的阶段性成果，其中19世纪70年代以来帝国主义的全球扩张起到了重要推动作用。19世纪末20世纪初，资本主义世界体系正式建立，这是一个少数资本主

义国家奴役和控制世界绝大部分土地和人口的极不合理的状态。因此“密切联系的整体”暗含了一个极不稳定的状态，其中帝国主义国家间的重重矛盾，被压迫人民不断高涨的反抗斗争，都在呼唤更加公正、合理的国际新秩序。资本主义国家、社会主义国家以及殖民地半殖民地的各方合力推动了国际秩序的演变。

二是“战后的和平与发展”。20 世纪上半叶的世界延续了 19 世纪以来战争与革命的主题，但也为 20 世纪下半叶“和平与发展”的时代潮流孕育着条件。其中两次世界大战后建立起来的国际秩序探索了集体安全机制的建立与完善，对 20 世纪的战争与和平发展产生重要影响。俄国十月社会主义革命的发生，标志着两种社会制度竞争与并存的新的国际格局诞生。两次世界大战之间在亚非拉蓬勃发展的民族民主运动，成为动摇帝国主义殖民体系的决定性力量，这些前所未有的重大历史现象成了推动 20 世纪人类历史发展的重要因素。

单元内容结构

本单元包含 4 课：第 14 课“第一次世界大战与战后国际秩序”、第 15 课“十月革命的胜利与苏联的社会主义实践”、第 16 课“亚非拉民族民主运动的高涨”和第 17 课“第二次世界大战与战后国际秩序的形成”。

整体来看，课文内容通过一战前后、两次世界大战之间和第二次世界大战前后三个时序展开。从更深层次看，每一课的内容都在详细阐释 20 世纪上半叶紧密联系的世界是如何在国际秩序的演变中走向和平与发展的。

由于国际秩序的演变是本单元着重勾勒的部分。因此，第 14 课与第 17 课的课文标题与目既有联系又有区别。第 14 课的第一目“帝国主义与世界大战的酝酿”与第 17 课的第一目“法西斯主义与亚欧战争策源地的形成”，两者均指出两次世界大战的根源在于帝国主义瓜分世界的争斗，一战并没有解决帝国主义之间的矛盾，而 20 世纪 30 年代相对衰落的英法纵容法西斯的侵略扩张，使得人类滑向二战的深渊。第 14 课的第二目“第一次世界大战”与第 17 课的“第二次世界大战”都在叙述中阐明战争实际上是国家综合国力的较量，第 17 课则再次回应单元导言，显示出正是资本主义、社会主义和民族民主国家之间的协同作战，才使得同盟国家取得了世界反法西斯战争的胜利。第 14 课的第三目“一战后的国际秩序”和第 17 课的第三目“战后国际秩序的建立”，通过具体阐释“凡尔赛—华盛顿体系”和“雅尔塔体系”的具体内容，显示出两次世界大战后人类对维护世界和平的不断追求，也勾勒出欧洲逐渐衰落和美苏崛起的整体趋势。

第 15 课概述了一战后期影响世界历史与国际秩序演变的重要事件——十月革命。第一目“列宁主义的形成”首先阐释了帝国主义时代无产阶级革命的理论武器。第二目“十月革命的胜利”，其重点在于“胜利”，开启了社会主义与资本主义两种社会制度并存与竞争的新格局。第三目“苏联建设社会主义的实践”则预示了苏联在此期间积累的强大国家基础，为其在二战中成为世界反法西斯国家的重要力量和二战后的崛起提供了充分条件。

第 16 课概述了第一次世界大战和十月革命的胜利，推动了亚非拉国家和地区民族意识的觉醒。殖民地、半殖民地基于各自实际，回应各阶层诉求，采取多种斗争方式谋求政治和经济的独立，带来了民族民主运动的高潮。虽然，各地区民族民主运动的发展并不平衡，却沉重打击了帝国主义和殖民主义，从思想和实践上全面动摇了列强占绝对统治的国际秩序。

核心素养水平

（1）能够运用唯物史观，认识国际秩序演变对世界历史发展的推动作用，从而引导学生正确认识人类社会形态从低级向高级发展的历史总趋势。

（2）能够将十月革命、亚非拉民族民主运动的高涨置于 20 世纪上半叶具体的时代中去考量。理解两者与世界大战、国际秩序演变的关系。

（3）通过相关史料了解两次世界大战、十月革命以及亚非拉民族民主运动的相关史事，理解各类史事为国际秩序的演变、世界和平与发展做出的铺垫。

（4）在充分占有史料的基础上，从动机与效果等角度评析“凡尔赛—华盛顿体系”与“雅尔塔体系”的历史影响。

（5）通过分析 20 世纪上半叶国际秩序在维护世界和平上发挥的作用，形成对历史的反思，从历史中汲取经验教训，更全面、客观地认识历史和现实社会问题。

第二部分 教材比较

与初中课程标准、教材比较

《中外历史纲要（下）》第七单元文本内容主要涉及《世界历史第二册》中的第三单元“第一次世界大战和战后初期的世界”、第四单元“经济大危机和第二次世界大战”、第六单元“走向和平发展的世界”部分内容，两者既有共性又有差异。

1. 课程标准相关内容表述

课程标准相关内容表述对比见表7－1。

表7－1 课程标准相关内容表述对比（第七单元）

初中课程标准	高中课程标准
1. 通过了解“三国同盟”和“三国协约”、萨拉热窝事件、凡尔登战役等，分析第一次世界大战爆发的原因，了解其基本进程以及给人类社会带来的巨大灾难； 2. 知道列宁领导的十月革命的背景与过程，理解十月革命胜利的重要历史意义； 3. 知道凡尔赛体系、华盛顿体系和国际联盟，了解战后战胜国建立的世界秩序及其局限性。 4. 通过了解新经济政策、社会主义工业化、农业集体化等举措，认识苏联社会主义建设的重要成就和主要问题； 5. 通过了解印度的非暴力不合作运动、埃及的华夫脱运动、墨西哥的卡德纳斯改革，分析两次世界大战期间亚非拉民族民主运动的特点； 6. 通过了解经济大危机和罗斯福“新政”，初步理解国家干预政策对西方经济的影响； 7. 通过了解日本对中国的侵略、意大利法西斯和纳粹德国的对外扩张，知道德国、意大利、日本侵略集团是发动第二次世界大战的罪魁祸首，知道第二次世界大战的主要进程和主要战场，知道《联合国家宣言》和开罗会议、雅尔塔会议、波茨坦会议等重要国际会议，了解世界人民反法西斯战争的艰巨性和胜利原因	1. 通过了解两次世界大战，理解20世纪上半叶国际秩序的变动； 2. 了解列宁领导的十月革命爆发的原因、过程，理解十月革命的世界历史意义； 3. 理解两次世界大战之间亚非拉民族民主运动对国际秩序的影响

初中课程标准对诸多影响20世纪上半叶世界格局演变的重大历史事件的具体内容及影响提出了明确的要求。相较于初中课程标准，高中课程标准更强调从两次世界大战、社会主义国家苏联的兴起和发展、亚非拉民族民主运动三条线索宏观聚焦20世纪上半叶国际格局的演变。

2. 教材相关单元、课、目编排

教材相关单元、课、目编排对比见表7－2。

表7－2　教材相关单元、课、目编排对比（第七单元）

<table>
<tr><th colspan="2">《世界历史第二册》</th><th colspan="2">《中外历史纲要（下）》</th></tr>
<tr><td colspan="2">第三单元　第一次世界大战和战后初期的世界
第四单元　经济大危机和第二次世界大战
第六单元　走向和平发展的世界</td><td colspan="2">第七单元　两次世界大战、十月革命与国际秩序的演变</td></tr>
<tr><td rowspan="3">第8课
第一次世界大战</td><td>三国同盟和三国协约</td><td rowspan="5">第14课
第一次世界大战与战后国际秩序</td><td>帝国主义与世界大战的酝酿</td></tr>
<tr><td>第一次世界大战的爆发</td><td rowspan="2">第一次世界大战</td></tr>
<tr><td>第一次世界大战的进程和结果</td></tr>
<tr><td rowspan="2">第10课
《凡尔赛条约》和《九国公约》</td><td>《凡尔赛条约》</td><td rowspan="2">一战后的国际秩序</td></tr>
<tr><td>《九国公约》</td></tr>
<tr><td rowspan="3">第9课
列宁与十月革命</td><td>十月革命前的俄国</td><td rowspan="7">第15课
十月革命的胜利与苏联的社会主义实践</td><td>列宁主义的形成</td></tr>
<tr><td>十月革命</td><td rowspan="2">十月革命的胜利</td></tr>
<tr><td>苏维埃政权的建立</td></tr>
<tr><td rowspan="4">第11课
苏联的社会主义建设</td><td>新经济政策</td><td rowspan="4">苏联建设社会主义的实践</td></tr>
<tr><td>苏联的工业化</td></tr>
<tr><td>农业集体化</td></tr>
<tr><td>苏联模式</td></tr>
<tr><td rowspan="3">第12课
亚非拉民族民主运动的高涨</td><td>印度的非暴力不合作运动</td><td rowspan="3">第16课
亚非拉民族民主运动的高涨</td><td>亚洲民族民主运动的高潮</td></tr>
<tr><td>埃及的华夫脱运动</td><td>非洲独立意识的觉醒</td></tr>
<tr><td>墨西哥的卡德纳斯改革</td><td>拉丁美洲的民族民主革命与改革</td></tr>
</table>

（续表）

<table>
<tr><th colspan="2">《世界历史第二册》</th><th colspan="2">《中外历史纲要（下）》</th></tr>
<tr><td rowspan="3">第 14 课
法西斯国家的侵略扩张</td><td>意大利法西斯政权的对外扩张</td><td rowspan="7">第 17 课
第二次世界大战与战后国际秩序的形成</td><td>法西斯主义与亚欧战争策源地的形成</td></tr>
<tr><td>欧洲战争策源地的形成</td><td rowspan="4">第二次世界大战</td></tr>
<tr><td>亚洲战争策源地的形成</td></tr>
<tr><td rowspan="3">第 15 课
第二次世界大战</td><td>第二次世界大战的全面爆发及主要战场</td></tr>
<tr><td>反法西斯联盟的建立及战争形势的转折</td></tr>
<tr><td>雅尔塔会议及战争结束</td><td rowspan="2">战后国际秩序的建立</td></tr>
<tr><td>第 20 课
联合国与世界贸易组织</td><td>联合国与国际安全</td></tr>
</table>

◆ 从内容编排看，《世界历史第二册》的第三单元“第一次世界大战和战后初期的世界”共 5 课时、第四单元“经济大危机和第二次世界大战”共 3 课时，总体上按照时间顺序，一些重大事件单列一课，有助于让学生对 20 世纪上半叶发生的影响世界历史进程的重大历史事件有具体的了解。《中外历史纲要（下）》第九单元则聚焦两次世界大战、社会主义国家苏联的兴起发展、亚非拉民族民主运动这三条线索来勾勒 20 世纪上半叶风云变幻的国际格局。

◆ 就知识点而言，相较于《世界历史第二册》，《中外历史纲要（下）》第七单元新增知识点大致有美西战争、列宁主义、卫国战争、雅尔塔体系等概念。

关于亚非拉民族民主运动，在《世界历史第二册》中仅列举印度非暴力不合作运动、埃及华夫脱运动和墨西哥卡德纳斯改革三者作为代表性事件，而《中外历史纲要（下）》中则极大地丰富了这一内容的相关史实。

《世界历史第二册》中关于魏玛共和国、《反共产国际协定》及法西斯轴心国的形成等内容在《中外历史纲要（下）》中未出现。1929 年经济危机以及罗斯福新政的内容在《世界历史第二册》中单独列为一课，《中外历史纲要（下）》中仅在第 17 课导言中提及。

此外，两本教材中关于一战及二战重要战役的内容也各有详略：《中外历史纲要（下）》中新增了一战中的马恩河战役和日德兰海战；初中教材中提到二战中的莫斯科保卫战、中途岛战役、诺曼底登陆等事件在《中外历史纲要（下）》中则不再出现。

◆ 从行文表述看，需要特别指出下列方面。

对于一战的评价，《中外历史纲要（下）》中相较《世界历史第二册》增加了和平反战观念兴起这一角度，指出“这场空前惨烈的战争改变了人们的观念，反对战争、要求和平的运动日益高涨”。

对于十月革命的评价，《中外历史纲要（下）》在《世界历史第二册》的基础上强调了十月革命对人类文明进程的重要意义：“是俄国与世界历史进程中的划时代事件”“开辟了人类探索社会主义道路的新纪元”，以及“改变了20世纪的世界格局”。

对于二战的评价，《世界历史第二册》中侧重其对全人类造成的灾难性影响，强调二战的胜利对世界殖民体系的瓦解、推动世界和平发展有着重要意义。《中外历史纲要（下）》则聚焦大国实力的此消彼长对国际格局演变的重要影响，指出“第二次世界大战的结束就成为国际格局从欧洲中心走向美苏对峙的两极格局的真正转折点”。

与华师大版高中教材比较

《中外历史纲要（下）》第七单元文本内容与华师大版《高中历史第五分册》① 第三至五及八、九单元以及《高中历史第六分册》② 第三单元内容基本一致，但两者在内容的编排、详略、表述等方面存在一些差异。

◆ 从内容编排看，华师大版教材注重全球史观统领下中外历史的交汇，相应部分内容散布在第五分册第三至五及八、九单元与第六分册第三单元，通过对20世纪初国际重大事件的梳理，让学生理解旧世界秩序的崩毁、新秩序的建立。《中外历史纲要（下）》第七单元将两次世界大战、十月革命与国际秩序变动糅

① 余伟民主编：《高级中学课本高中历史第五分册（实验本）》，华东师范大学出版社2008年版。以下简称华师大版《高中历史第五分册》。

② 余伟民主编：《高级中学课本高中历史第六分册（实验本）》，华东师范大学出版社2008年版。以下简称华师大版《高中历史第六分册》。

合到一起，揭示20世纪战争、革命与国际秩序的关系，方便学生对国际秩序的重建进行深入理解；强化十月革命和亚非拉民族民主运动与国际秩序之间的相互影响，突显单元整体性与核心概念之间承前启后的关系。

◆ 就知识点而言，相较于华师大版《高中历史第五分册》《高中历史第六分册》相关单元，《中外历史纲要（下）》第七单元新增知识点大致有一战中的华工、列宁主义的形成、两次大战间亚非拉民族民主运动、中国代表团参加旧金山会议等。

华师大版《高中历史第五分册》《高中历史第三分册》中涉及这一历史时期的许多会议、条约、战役战争等细节在《中外历史纲要（下）》中省略，苏联农业集体化、肃反运动、土耳其凯末尔革命、二战前集体安全失败、布雷顿森林体系等相关内容在《中外历史纲要（下）》中没有涉及。

◆ 从行文表述看，需要特别指出下列方面。

关于第一次世界大战性质的表述，《中外历史纲要（下）》开宗明义在"帝国主义与世界大战的酝酿"一目中指出这场战争"是列强重新瓜分世界、争夺世界霸权的帝国主义之战"，并在正文下方设置了"史料阅读"栏目和思考点，介绍了列宁对"帝国主义"概念的定义，开篇就引导学生理解第一次世界大战的根本性质。华师大版《高中历史第五分册》则是在"战争结果与影响"一目中指出一战"是帝国主义列强争夺世界霸权的结果"。

关于列宁主义，华师大版教材将列宁的生平事迹、布尔什维克党、俄国革命的理论方针作为十月革命的条件，以小字、注释的形式出现在课文中。《中外历史纲要（下）》则单列一目，标题为"列宁主义的形成"。将列宁主义形成的过程、具体内涵作了明晰的定义，强调了列宁主义是马克思主义与俄国革命具体实际相结合的产物，重点突出了这一思想武器在俄国革命和帝国主义时代、无产阶级革命时代的重要作用。在课文内容的设置上，既与前一课一战的性质有了强烈对比，又承接下文苏联建设社会主义的实践，起到了理论的支撑。

关于十月革命的影响，华师大版教材表述为它是俄国和世界历史进程中的"重大事件"，指出"它使社会主义从理论走向实践"，并且"推动了20世纪的民族解放运动""开创了两种社会制度竞争的世界新格局"。《中外历史纲要（下）》则称十月革命为"划时代事件""实现了社会主义从理想到现实的伟大飞跃"，它"极大地鼓舞了殖民地半殖民地人民的解放斗争"，十月革命之后

“资本主义和社会主义两种社会制度的并存与竞争，成为世界历史的重要内容”。从上述表述总体变化来看，相较华师大版教材，《中外历史纲要（下）》更凸显了十月革命对整个世界在国际格局、社会制度、亚非拉地区民族民主运动中的重大时代意义，更为明确地表达了华师大版教材中“重大事件”“深远影响”的内涵。

关于亚非拉民族民主运动，在华师大版教材中表述为“殖民地半殖民地民族解放运动”，《中外历史纲要（下）》的表述则更明确地表达了殖民地半殖民地人民的政治诉求是民族独立、民主政治。

第三部分　核心问题释读

线索一　帝国主义与20世纪国际秩序的演变

1. 帝国主义是如何形成的?

帝国主义的形成至少要从19世纪70年代说起。当时欧美大国开始了第二次工业革命。这次工业革命不仅极大地推动了经济的发展和社会生活的变化，而且使资本主义生产的组织方式发生了重大变革，出现了垄断组织。资产阶级把大量商品和资本输出到国外，以最大限度攫取利润。垄断符合资本主义追求利润最大化的内在要求。垄断组织的广泛建立为资本主义构建了持续稳定地产生高额利润的经济体制。为了减少国际竞争，各国垄断集团签订协定，成立国际垄断组织，瓜分世界市场。如1907年，美国通用电气公司和德国电气总公司签订了瓜分世界市场的协定，分别获得了美洲市场和欧洲市场的垄断权，并就它们的附属公司订立了秘密协定。到第一次世界大战前，全世界出现过100多个国际垄断组织。当19、20世纪之交垄断组织成为资本主义各国全部经济生活的基础时，资本主义便进入了垄断阶段。

如果必须给帝国主义下一个尽量简短的定义，那就应当说，帝国主义是资本主义的垄断阶段。这样的定义能包括最主要之点，因为一方面，金融资本就是和工业家垄断同盟的资本融合起来的少数垄断性的最大银行的银行资本；另一方面，瓜分世界，就是由无阻碍地向未被任何一个资本主义大国占据的地区推行的殖民政策，过渡到垄断地占有已经瓜分完了的世界领土的殖民政策。

——［苏］列宁：《帝国主义是资本主义的最高阶段》，《列宁全集》第二十七卷，人民出版社1990年版，第401页。

资本主义的垄断阶段就是帝国主义。为了垄断从原料产地、生产到市场，再到投资场所直至土地等一切资源，主要资本主义大国竞相奉行殖民扩张、建立庞大帝国的帝国主义政策，掀起了新的瓜分世界的狂潮。到19世纪末20世纪初，亚洲各国沦为殖民地半殖民地，非洲则几乎被瓜分完毕，拉丁美洲国家在经济上依然是列强的附庸，资本主义世界殖民体系最终形成。

随着世界殖民体系的形成，整个世界形成了少数帝国主义国家控制和奴役世界上绝大部分土地和人口的极不合理的状态。比如，英、法、德、比、葡、荷、意7国的本土面积不过70万平方英里，总人口不过2亿，它们拥有的殖民地面积却高达2045万平方英里，奴役的殖民地人口有5亿多。①

2. 帝国主义与两次大战间存在怎样的联系？

◆ **帝国主义与一战的爆发。**

帝国主义国家之间矛盾的尖锐化与各资本主义大国在经济政治发展上的不平衡性密切相关。美国和德国的跳跃式发展使它们赶上并超过了已经拥有庞大殖民帝国的英国和法国。在实力对比已经发生变化的情况下，按照旧的秩序对比瓜分世界的格局很快过时，按照新的实力对比重新瓜分世界的问题也会日益尖锐。

最新资本主义的基本特点是最大企业家的垄断同盟的统治。当这种垄断组织独自霸占了所有原料产地的时候，它们就巩固无比了。我们已经看到，资本家国际同盟怎样拼命地致力于剥夺对方进行竞争的一切可能，收买譬如蕴藏铁矿的土地或石油资源等。只有占领殖民地，才能充分保证垄断组织自如地应付同竞争者的斗争中的各种意外事件，包括对方打算用国家垄断法来实行自卫这样的意外事件。资本主义愈发达，原料愈感缺乏，竞争和追逐全世界原料产地的斗争愈尖锐，抢占殖民地的斗争也就愈激烈。

——［苏］列宁：《帝国主义是资本主义的最高阶段》，《列宁全集》第二十七卷，人民出版社1990年版，第395页。

① 高岱、郑家馨：《殖民主义史（总论卷）》，北京大学出版社2003年版，第193页。

英德矛盾在20世纪初凸显，随即带来的是传统英德关系的变化，德国在1900年后出台了一个性质截然不同的舰队法，开启了英德海上军备竞赛。法国和德国对阿尔萨斯—洛林的争夺已经持续了几个世纪。奥匈帝国和沙皇俄国的矛盾集中在巴尔干半岛，使这里成为名副其实的欧洲“火药桶”。正是在这种争夺中，出于各自的利益，欧洲6个大国之间结成了两大军事集团——德国、奥匈帝国、意大利组成的同盟国集团和俄国、法国、英国组成的协约国集团。两大军事集团加紧扩军备战、制造危机，使国际形势日益紧张。当这种争夺最终不能用谈判来解决时，列强就会兵戎相见。实际上，19世纪末20世纪初已经进行了三次帝国主义战争，即1898年的美西战争、1899—1902年的英布战争和1904—1905年的日俄战争，不仅标志着帝国主义时代的开始，而且成为更大规模的帝国主义战争的序幕。

巴尔干地区曾先后落入奥斯曼帝国和奥匈帝国的统治之下。在反对这两个帝国的斗争中，巴尔干的民族主义日益高涨。另外，沙皇俄国打着“泛斯拉夫主义”的幌子支持塞尔维亚人的“大塞尔维亚主义”以扩大自己的势力和影响。奥匈帝国则坚决反对塞尔维亚独立，俄国与奥匈帝国的争斗不断，巴尔干地区的紧张局势日益升级。1908—1913年，巴尔干地区先后发生波斯尼亚危机和两次巴尔干战争，列强直接或间接介入其中，使巴尔干成为最敏感、最易爆发战争的地区。

◆ **凡尔赛—华盛顿体系的帝国主义性质**。

第一次世界大战后通过巴黎和会构建的凡尔赛—华盛顿体系，也具有鲜明的帝国主义特性。

在巴黎和会上，美国、英国、法国主导了和会进程，会议参与国被分为4个等级，享有不同的利益和权力，战败国和苏俄被排除在外。

《凡尔赛条约》规定德国所有的海外殖民地被瓜分，将德国在山东的一切非法权益和胶州湾租借地全部移交给日本，并在军事、经济上对德国进行制裁。这一条款是战胜国单方面对战败国签订的条款，战败国则认为这是一个“强制的和平”，造成战败国国内社会各阶层不断蔓延的极端民族主义情绪和复仇主义，为下一场大战的爆发埋下了隐患。条约中对中国的条款极不公正，列强对中国的一切不平等条约依然有效，它们在华特权继续存在。国联中的委任统治预设了战败国的殖民地是“落后的”国家，需要由英、法等“先进的”国家作出安排，其实质依然是一种殖民统治。

在欧洲国家中，战胜国除英国外，几乎没有哪一个国家对巴黎和会签订的和约和它所建立的秩序完全满意，战败国不满更是不言而喻了。巴黎和会给战后欧洲留下的主要问题有新秩序带来的少数民族问题、没有得到充分保障的法国安全问题以及德国对和约的不满问题。凡尔赛体系内部的矛盾一开始便表明，第一次世界大战决不是“结束战争的战争”，战后秩序只不过是孕育帝国主义间新的冲突的起点。

——王绳祖：《国际关系史第四卷：1917—1929》，
世界知识出版社 1995 年版，第 94 页。

◆ **法西斯主义与亚欧战争策源地的形成**。

法西斯主义是帝国主义的极端形式，以极端民族主义甚至极端种族主义为基本特征，具有扩张性。

希特勒指责凡尔赛条约“要使二千万德国人走向死亡，要葬送德意志民族”；意大利法西斯声称“反对其他国家推行的损害意大利利益的帝国主义政策”，扬言要向欺骗它的英法两国“复仇”；日本法西斯分子提出日本受到“横跨全世界的大富豪”英国和“地球北半部的大地主”俄国的压制，拥有对外开战的权利。

——郑寅达：《法西斯兴起的体制机制性原因》，
《烟台大学学报（哲学社会科学版）》第 18 卷第 3 期，第 246 页。

资本主义政治经济发展的不平衡是法西斯国家发动第二次世界大战的根源。墨索里尼对“至高无上统治权”的渴求，希特勒基于无尽“生存空间”理念的扩张欲望，以及日本旨在征服亚洲并最终统治全球的野心，这些最终都只能通过战争的手段来达成。另一个导致法西斯国家挑起第二次世界大战的重要因素是极端民族主义。第一次世界大战后，极端民族主义与法西斯主义、极权主义、军国主义和帝国主义相互交织，催生了意大利的法西斯极权主义、德国的纳粹主义以及日本的法西斯主义和军国主义国家体制。在这些极端思想的驱使下，第二次世界大战被触发了。因此，从战争发起者的初衷来看，第二次世界大战无疑是一场帝国主义性质的非正义战争。

3. 帝国主义如何走向衰亡？

◆ **俄国十月革命沉重打击了帝国主义对世界的统治**。

这场伟大的革命是由我们这些落后的“古怪的”俄国人开始的……应

当说，历史走的是奇怪的道路：一个落后的国家竟有幸走在伟大的世界运动的前列。全世界资产阶级都看到了这个运动，而且了解这个运动。这场火范围很大，德国、比利时、瑞士、荷兰都着起来了。

——列宁在工人合作社第三次代表大会上的讲话（1918 年 12 月 9 日）

十月革命开创的“世界革命”运动与民族解放运动相结合，在很大程度上影响了 20 世纪非殖民化运动的进程和方向。列宁和布尔什维克党开创了无产阶级革命与东方国家民族解放运动相结合的 20 世纪的“世界革命”运动，为殖民地半殖民地国家展开左翼革命政党领导的反帝反封建的民族解放运动提供了帮助和支持，从而促进了殖民地半殖民地人民的民族觉醒和革命意识，并为这些国家独立后的发展道路选择提供了苏联社会主义制度模式的样板。从此资本主义和社会主义两种社会制度的并存与竞争成为世界历史的重要内容。

◆ **亚非拉地区的民族民主运动是瓦解帝国主义殖民体系的决定性力量**。

两次世界大战期间，亚非拉地区都出现了蓬勃的民族民主运动，但它们的发展程度不同，主要的诉求不同，但都沉重打击了帝国主义的殖民体系。

在第一次非暴力不合作运动中，甘地曾用苦行精神训练了 15 万非暴力志愿者。在第二次不合作运动中，甘地精选了 2 500 名志愿者步行向丹迪盐场进军。这些赤手空拳的志愿者面对殖民者的警棍和铁棒毫无惧色，一批人被打倒在地，另一批又挺身而上，仍保持着原来的队形。在第三次不合作运动中，不仅甘地和国大党的大多数领导人被逮捕，而且还有大批民众陆续被捕入狱。仅在 1941 年上半年，被捕人数就达 2 万多。这些以甘地精神武装起来的“坚持真理者”，手持印度教经典《薄伽梵歌》，视死如归，脸不变色心不跳地走进监狱。

——朱明忠：《甘地的非暴力主义及其影响》，《南亚研究》2002 年第 2 期，第 43 页。

第一次世界大战中，当帝国主义列强为重新瓜分世界而斗争时，起源于欧洲的民族主义在殖民地发展。民族自决、政治独立等源于西方的思想为殖民地半殖民地人民提供了理论来源。帝国主义忙于厮杀，也放松了对殖民地半殖民地的控制，使得殖民地半殖民地的民族工业得以发展，民族资产阶级和无产阶级的队伍不断壮大，成为反对帝国主义的重要政治社会力量。在亚洲地区，许多国家的民族民主运动在十月革命的感召下出现了无产阶级和共产党的领导，提出了民族独立和政治民主的双重要求。在非洲，民族意识不断觉醒，社会改革不断推进，在持续不断的斗争中撼动了殖民统治的根基，迫使帝国主义做出让步。拉丁美洲的国家基本上在19世纪已经取得独立，但并未真正摆脱对帝国主义国家的依附地位，共产党在拉美广泛成立并且积极参与社会改革、领导社会运动，发挥了极大的积极作用。

这一时期亚非拉的民族民主运动从政治和经济不同方面打击了帝国主义和殖民主义，以及本国的封建势力，对当时的帝国主义、殖民主义国际秩序造成冲击，对二战后的国际秩序产生了重要影响。“民族自决”逐渐成为公认的国际法原则，加速了资本主义世界殖民体系的崩溃。二战后，随着资本主义殖民体系的崩溃和美苏冷战的开始，列宁主义中所定义的传统帝国主义也随之走向衰亡。

线索二　十月革命的胜利与苏联社会主义实践的世界历史意义

1. 为何无产阶级革命首先在俄国发生并迅速取得胜利？

◆ **落后的俄国成为帝国主义阵线最薄弱的环节**。

进入垄断资本主义阶段后，俄国资本主义的发展速度比较快，但是它的发展和分布都是极不平衡的，资产阶级又与封建阶级有着千丝万缕的关系，相当一部分资产阶级是从地主转变而来。一方面，沙皇政府为了保证铁路修筑、军需供给，也从保护关税、国家补助等方面扶植资本主义，这就使得俄国资产阶级面对封建统治阶级产生先天的软弱性。另一方面，外国资本在俄国经济中也占有重要地位，1914年，俄国外债达54亿卢布，俄国成为世界上最大的债务国，越来越被动地陷于对西方的依赖地位。因此，俄国资本主义发展可以说是畸形的。这种状况造成了俄国社会经济生活的深刻矛盾。所以列宁指出：“一方面是最落后的土地占有制和最野蛮的乡村，另一方面又是最先进的工业资本主义和金融资本主义！”

第一，垄断资本主义的发展和农奴制残余并存。在俄国，工业资本主义从其发展初期开始，就具有相当高的集中化水平。1879年，百人以上企业的工人占全部工厂工人的67%；1890年占71%；到1913年，产业工人人数增至350万人，其中40%在千人以上的大企业工作。由于企业和工人高度集中，大城市出现了。19世纪末，彼得堡已拥有120万人口，莫斯科居民也超过100万。20世纪初叶，垄断组织已成为俄国经济生活中的重要现象。在第一次世界大战前年代里，45 个工业部门中约有 200 个卡特尔和辛迪加，全国 12 家大银行集中了国内 50 家股份银行 80% 的固定资产和债务。另一方面，俄国还保留着大量半农奴制的土地占有制，农民小商品生产、宗法式的封建主义的经济形式普遍存在于农村。农业的经济技术水平极其低下，1910 年的统计，全国正在使用的有 1 000 万把木犁和 2 500 万个木耙，铁犁仅 420 万把，铁耙不满 50 万个，农业机械几乎等于零。在一些地区一直存在着公开的“短期农奴制”。

——陈之骅、吴恩远、马龙闪著：《苏联兴亡史纲》，中国社会科学出版社 2004 年版，第 12 页。

沙皇政权的专制统治与资本主义经济的发展构成尖锐矛盾，在这一背景下诞生的俄国工人阶级，他们的斗争精神，超过了世界上其他发达的资本主义国家。

一战让沙皇俄国的落后腐朽暴露无遗，加深了人们的痛苦与不满。一战中俄军的不断失利，使得沙皇政府陷入统治危机，“和平、面包和土地”成为民众的迫切需求。

1915 年 8 月，由于军事上屡遭挫败，俄国已在前线损失 350 万人，并丧失了加里西亚和波兰。此时，国家杜马中形成了一个革新派，它包括以米留可夫和李沃夫为首的立宪民主党人和以古契柯夫为首的十月党人。他们谨慎而胆怯地要求沙皇成立一个“受全国信任的政府”。沙皇却颁发诏书，以“临时解散”国家杜马来回答革新派和其他反对派。从开战后的两年期间，俄国撤换过 4 个首相，6 个内务大臣，3 个外交大臣和 3 个国防大臣，这些走马灯似上台的人物都无回天之力，而是愈来愈招致公愤。1916 年底的一个深夜，宫廷的“妖师”拉斯普廷被宫廷的近臣刺杀，这一事件深刻反映了沙皇统治的危机。战场上的失利，严重的饥荒，肆无忌惮的投机倒把，无止境的战争动员，这一切，人民再也无法忍受了，革命的时机到来了。

——周尚文、叶书宗、王斯德：《苏联兴亡史》，上海人民出版社 2002 年版，第 8 页。

2 月 27 日，是具有决定意义的一天。罢工普遍转为武装起义，工人与士兵联欢，解除警察和宪兵的武装，抢占军火库。沃伦斯基团、立陶宛团和普列奥布拉任斯基团转到起义人民方面，他们同起义工人汇合，走向街头。不久，莫斯科团也转到人民方面。工人和士兵攻下了军火库，取出 4 万支步枪和3万支手枪武装了工人。工人和士兵联合组成战斗队，捣毁警察分局，占领政府机关，打开监狱，解除军官的武装，逮捕政府大臣。傍晚，起义工人和士兵已控制了彼得格勒所有重要地点及部门，首都卫戍部队已有66 700人转到革命方面，还有许多部队正在瓦解和倒向革命方面。最后一届沙皇政府的大臣们被逮捕起来，送往彼得—保罗要塞。二月革命取得了胜利。

——陈之骅、吴恩远、马龙闪：《苏联兴亡史纲》，中国社会科学出版社2004年版，第11页。

显然，二月革命的胜利，其关键因素是工人阶级和士兵的汇合。之所以连军队都支持革命，是因为大部分士兵是农民出身，他们深受沙皇专制的迫害。同时在革命中，列宁所领导的布尔什维克的号召也促使工人阶级与起义士兵以暴力推翻了沙皇专制统治。因此，从二月革命开始，列宁主义就开始在帝国主义时代的无产阶级革命中发挥强大的思想引领作用。

◆ **列宁主义是帝国主义时代无产阶级革命的思想武器。**

这种革命能不能单独在某个国家内发生呢？答：不能。……共产主义革命将不仅是一个国家的革命，而将在一切文明国家里，即至少在英国、美国、法国、德国同时发生。

——恩格斯：《共产主义原理》，《马克思恩格斯全集》第4卷，第357—374页。

1847年，在恩格斯撰写的《共产主义原理》中，对无产阶级革命的爆发做了预测。此时第一次工业革命刚刚在英国完成，工业化的浪潮正在向法国、美国、德国等国扩展。恩格斯认为共产主义革命将在多国同时发生，并至少先在英国、美国、法国、德国等率先建立资本主义制度的国家里同时发生。而当时的俄国仍旧施行沙皇专制与农奴制度，并不是马克思、恩格斯关注的重点国家。19世纪末20世纪初，随着第二次工业革命的完成，资本主义进入帝国主义阶段。它们之间经济政治发展得不平衡，各国扩张与争夺不断加剧。

在时代的变化下，列宁继承、发展了马克思学说，他对帝国主义时代的无产阶级革命的发生做了以下论断：

列宁认为，帝国主义是资本主义发展的最高阶段，“是无产阶级社会革命的前夜”；由于资本主义发展的不平衡规律，俄国是“帝国主义链条中最薄弱的一环”；“社会主义可能首先在少数甚至单独一个资本主义国家内获得胜利”；工人阶级要以暴力推翻资产阶级政权，建立无产阶级专政。

——《中外历史纲要（下）》，第89页。

列宁深入洞察了帝国主义时代资本主义发展的新特点，将马克思主义的基本原理与俄国革命的具体实践紧密结合，从而创立了列宁主义。他富有创造性地提出了一系列关于社会主义革命和建设的理论，其中包括社会主义可能首先在单个或多个国家取得胜利的观点。这些理论为帝国主义时代的无产阶级革命提供了强有力的思想指导和武器。

◆ **列宁所领导的布尔什维克取得十月革命胜利的原因**。

布尔什维克成功的唯一原因在于：他们实现了最基层百姓那普遍而又单纯的愿望，号召他们起来摧毁旧制度，然后同他们一道，在旧制度的废墟上构建起新制度的框架。

——［美］约翰·里德，李娜等译：《震撼世界的十天》，转引自《中外历史纲要（下）》第七单元第15课“探索与拓展”栏目。

二月革命胜利后，彼得格勒工兵代表苏维埃的领导人认为，俄国无产阶级尚无能力管理国家，便与资产阶级临时政府达成协议，将政权交给临时政府，自己则处于次要地位。资产阶级临时政府虽然进行了一些改革，但它继续进行帝国主义战争，一直没有满足人民群众对“和平、面包和土地”的要求，并镇压人民的反抗。

1917年4月，列宁从瑞士回到彼得格勒，发表了《四月提纲》，提出“一切权力归苏维埃”。1917年9月，列宁进一步提出用武力夺取政权。临时政府继续参加第一次世界大战，但前方伤亡惨重。到了10月份，连彼得格勒卫戍部队都不服从临时政府的指挥，说明临时政府已丧失军事支持，也丧失民心。因此，彼得格勒武装起义进展顺利，起义过程中，一共死6人，伤50人。

十月革命胜利后的第二天，全俄苏维埃第二次代表大会就通过了列宁起草的《和平法令》和《土地法令》。《和平法令》在揭露了帝国主义掠夺性战争的同时建议各国立即停止战争，这充分反映了广大劳动人民迫切希望和平的愿望。《土地法令》规定立即废除地主土地所有制，全部土地收归国有，交给农民使用。由此，布尔什维克实现了俄国民众“面包、土地、和平”的最质朴的愿望。

◆ **十月革命的世界历史意义的具体体现**。

《中外历史纲要（下）》更凸显了十月革命对整个世界在国际格局、世界秩序、社会体制、亚非拉地区民族民主运动中极大的时代意义与深远的世界历史意义。

首先，十月革命成为推动国际格局演变的一大因素。它冲破了帝国主义阵线，在世界1/6的土地上创建了第一个无产阶级专政国家，由此开创了两种制度共存与竞争的新格局。

其次，十月革命推动了不同社会制度的发展。一战后苏联通过社会主义模式的探索与实践，迅速成为世界工业强国，并为世界反法西斯战争的胜利做出了重要贡献。苏联的强大也在一定程度上推动了世界从以欧洲为中心走向了美苏对峙的两极格局。

再次，十月革命推动了亚非拉民族民主运动的发展。十月革命的胜利是马克思主义基本原理同俄国革命实践相结合的产物。它推动了马列主义在世界的传播，并向各国人民展示了一条崭新的寻求解放的道路。

苏俄政府从诞生的第一天起就宣布废除沙皇政府的一切不平等条约，宣布民族平等原则，支持一切殖民地、半殖民地人民的民族解放斗争。十月革命后成立的共产国际，遵照列宁的教导，将“全世界无产者和被压迫民族联合起来”作为战斗口号，并为殖民地和半殖民地人民反抗帝国主义压迫提供了支持和帮助。因此十月革命不仅激励着各国无产阶级的斗争，而且鼓舞着被压迫人民，被压迫民族的民族解放斗争。

2. 如何评价20世纪上半叶苏联建设社会主义的实践？

从列宁的战时共产主义政策、新经济政策，到斯大林时期的社会主义建设，都是苏联对社会主义建设道路的探索，每一步探索均与20世纪上半叶苏联国内形势与国际格局的变化息息相关，而每一种探索的历史作用也是利弊兼备。

◆ **战时共产主义政策的历史作用**。

应当说我们实行“战时共产主义”是一种功劳。但同样必须知道这个功劳的真正限度。“战时共产主义”是战争和经济破坏迫使我们实行的。

——［苏］列宁：《论粮食税》，《列宁全集》第四十一卷，
转引自《中外历史纲要（下）》第七单元第15课“学思之窗”栏目。

我们计划（说我们计划欠周地设想也许较确切）用无产阶级国家直接下命令的办法在一个小农国家里按共产主义原则来上调国家的产品生产和分

配。现实生活说明我们错了……

三四年来我们稍稍学会了实行急剧的转变……学习实行“新经济政策”。

——［苏］列宁：《十月革命四周年》，《列宁全集》第四十二卷，
转引自《中外历史纲要（下）》第七单元第15课“学思之窗”栏目。

列宁对战时共产主义政策的评价较为复杂：一方面他认为这是一种有限的功劳，同时又认为这是“被迫之举”，并存在错误。那么，为何要施行战时共产主义政策呢？

十月革命胜利后，新生的苏维埃俄国还未获得喘息之机，国内外的敌对势力联合起来，企图扼杀新生的苏维埃政权。1918年，国内战争开始。此时，持续4年的世界大战已把俄国的经济破坏殆尽，国内粮食极为短缺，城市饥荒严重，国内外反动势力的武装干涉，无疑使苏俄深陷危机。正是在这一背景下，苏俄开始实施战时共产主义政策。

战时共产主义政策中最重要的就是余粮收集制。规定将农民除口粮、种子粮以外的一切余粮收集到国家手中。余粮收集机制保证了前线的粮食供应，缓解了城市饥荒。但为何列宁说这种功劳是有限的？因为“战时”的特征也就意味着全国都变成一个大军营，把全国的生产和消费都集中到国家手里，取消商品买卖、取消市场。在实际执行中几乎收走了农民的全部粮食，严重损害了农民的利益，而低水平的生活也直接导致了苏俄严重的经济和政治危机。

◆ **新经济政策的历史作用**。

在农业和工业之间，除了交换，除了商业，就不可能有别的经济联系……我们新经济政策的基础和实质全在于此。

——［苏］列宁：《关于共和国的对内和对外政策》，
《列宁全集》第四十二卷，转引自《中外历史纲要（下）》
第七单元第15课“学思之窗”栏目。

1921年3月21日，苏俄政权颁布法令，取消战时共产主义政策时期强制性的余粮收集制。粮食税总额比原来的余粮征集额减少了近一半，农民按规定税额完成纳税义务后可自由支配剩余的粮食等农产品，并允许农民通过市场渠道出售农产品。此项政策降低了农民的征粮负担，也为农业和工业之间的商品贸易创造了条件，提高了农民的生产积极性，国家农产品采购量也因此有较大的增长。新经济政策从粮食税开始，但不限于粮食税，其主要目的是通过市场机制来建立工

业与农业之间的经济联系，为工农联盟的苏维埃政权奠定经济基础，恢复和发展被战争破坏的国民经济。

> 复活节是俄国旧历中最大的节日……儿童得受"复活鸡卵"——鸡卵染着种种彩色，并有玉琢木雕的。……革命后战祸相寻，政府行集权制及劳动券，已经两三年没有大大地过这佳节，食物菜膳不容易取得。今年第一年行新经济政策，开放商业，民间值此佳节，实现活泼的气象。
>
> ——瞿秋白：《赤都心史》，上海三联书店2012年版，第30页。

新经济政策的历史作用在于它提出了如何在一个小农占多数的落后国家，建设和发展社会主义的思路。1924年，苏联经济第一次达到堪与革命前相比的产量，这标志着国民经济恢复时期的结束。

但是，在20世纪上半叶日益紧张的国际局势中，新经济政策的运行无法在短期内迅速为苏联的工业化提供资金，也无法让苏联迅速建立一支强大的现代化军队。20年代中期，苏中关系恶化，德国加入了国际联盟，"道威斯计划"的出台，这就使得被排斥于国际联盟之外的苏联感到处在孤立与战争的威胁之下。一个落后的农业国不可能同发达的工业强国进行军事对抗，这是显而易见的。这样，实现工业的现代化和整个国家的工业化，就极为迫切地提上了日程。

◆ **苏联模式的历史作用**。

> 五年计划还把俄国从一个落后的社会变成一个现代社会。它们将识字率从1897年的28.4%提高到1926年的56.6%、1939年的87.4%和1959年的98.5%。在医疗卫生方面，在1913年至1961年间，外科医生的人数从23 200人增加到425 700人；预期寿命从32岁上升到69岁；婴儿死亡率从273‰下降到32‰。……由于农业没有生产出足以资助工业化所需费用一样多的产品，工厂工人也收到榨取。当苏联政府每年拿出国民收入的三分之一用于再投资时，这便意味着低工资和消费品短缺。
>
> ——［美］斯塔夫里阿诺斯：《全球通史：从史前史到21世纪（第7版）》，董书慧等译，北京大学出版社2005年版，第694页。

苏联模式实施"社会主义工业化"和"农业集体化"，是苏联建设社会主义现代化的实践模式。苏联模式是人类历史上第一种社会主义实践模式。

20世纪上半叶，战争与革命交织成时代的主旋律，其中苏联模式的积极影响尤为显著，不容忽视。它率先将社会主义制度从理论变为现实，确立了生产资料公有制、指令性计划经济以及高度集权的政治体制。这一系列制度创新，使得苏联能够在较短时期内迅速推进工业化进程，为国家的强盛奠定了坚实基础，更为后来卫国战争的胜利提供了不可或缺的物质保障。

苏联从一个落后的农业国家发展为世界工业强国，这个伟大成就与20世纪30年代资本主义经济危机形成鲜明对照。因此二战后，其他社会主义国家开始借鉴、学习苏联模式。但另一方面，基于苏联的发展基础，苏联模式也存在制度性缺陷和弊端，其排斥市场经济，片面发展重工业，在农业集体化中采用强制手段，导致国民经济比例失调，农业和轻工业长期落后，消费水平相对较低。

线索三 亚非拉民族民主运动的高涨。

1. 两次大战间亚非拉民族民主运动大部分以失败告终，为何教材中概括其特征为“高涨”？

首先从空间上来看，在两次大战之间，亚洲、非洲、拉丁美洲各地普遍爆发了民族民主运动，与19世纪亚非拉民族独立运动相比范围更广泛。

其次从发展程度上来看。相较19世纪的亚非拉民族独立运动，两次大战间的民族民主运动有了更深入的发展。拉美地区虽然在19世纪已经推翻了殖民统治，建立了名义上的独立民族国家，但是帝国主义对独立后的拉美经济渗透和政治操控严重，因此在20世纪初拉美地区为捍卫国家主权和本土经济资源而开展了广泛的资产阶级民主革命和改革。

亚洲的民族民主运动在这一时期尤为瞩目，与19世纪的亚洲革命风暴不同，20世纪初“亚洲的觉醒”中不仅更多地区走上了抗争之路，亚洲各地的革命运动也有了先进阶级的领导、加入了新的阶级力量，亚洲资产阶级开始从改良走上革命，走上由资产阶级领导的、广大人民群众积极参加的反帝反封建的民族民主革命。

> 就整个亚非拉地区而言，亚洲的民族解放运动颇具代表性。它不仅成为19世纪中叶以后亚非拉民族解放运动的中心，而且亚洲出现的三次民族解放运动的高涨，淋漓尽致地表现了近代亚非拉民族解放运动发展的轨迹。
>
> ——薛源官：《试论近代亚非拉民族解放运动的几个问题》，《福建师范大学学报》（哲学社会科学版）1991年第2期，第95—101页。

而在非洲，虽然多数地区的民族意识尚在酝酿和萌芽阶段，但以埃及为首的一些北非和东非国家民族意识已经觉醒，力求在可能的范围内为建立独立的民族国家而展开斗争。当然，必须承认的是，尽管一战后帝国主义国家实力有所削弱，但这一时期殖民体系尚未瓦解，殖民主义在相当部分地区依然颇具势力，导致亚非拉地区民族民主运动受到了来自帝国主义干涉和侵略的严重威胁，因此从表面结果来看，这一时期的民族民主运动最终以妥协、陷入低谷甚至失败告终。但这只是阶段性的结果，从根本上而言，这一时期民族民主运动的蓬勃发展为二战后殖民体系的瓦解充分地蓄力。

再从领导阶级来看，伴随俄国十月革命的胜利以及国际共产主义运动的蓬勃发展，无产阶级成为一些地区的革命领导力量，深刻影响了亚非拉地区无产阶级的觉醒。在亚洲，中国的工人阶级登上政治舞台、中国共产党成为革命的领导者并在革命实践中开辟了“农村包围城市、武装夺取政权”的井冈山道路；印尼共产党领导了第一次反抗荷兰殖民统治的起义；越南则掀起了由共产党人参与的反法斗争。拉美以阿根廷为首各地区先后成立了共产党，并积极领导反帝反封建斗争：巴西共产党领导了声势浩大的工人运动，萨尔瓦多共产党领导了农民为主的人民起义并建立了地方性的苏维埃政权。

而民族资产阶级也是领导民族民主运动的重要力量。如甘地与国大党领导的印度“非暴力不合作运动”基于传统文化和宗教信仰来团结民众以争取民族独立、埃及的华夫脱运动从和平抗争到群众自发性武装斗争、尼加拉瓜的桑地诺领导的反帝人民武装斗争等，都为争取本民族独立起到了巨大的作用；此外，在阿富汗、埃塞俄比亚、摩洛哥等地则是由爱国封建贵族领导了民族民主革命。可以看出，亚非拉地区在20世纪上半叶的民族民主运动中有来自各个阶级的领导力量，斗争的形式也基于变化的国内外形势而不断探索符合各国国情的新方式。

2. 20世纪二三十年代的民族民主运动如何影响世界历史发展？

首先是对本国封建保守势力的打击。以中国为例，20世纪20年代在国共合作的基础上展开了反帝反封建的国民大革命。

其次是对帝国主义和殖民主义的打击。在中国，国民大革命中收回了汉口、九江的英租界，沉重打击了帝国主义的侵华势力；埃及在华夫脱党的领导下迫使英国做出让步，承认埃及为独立主权国家；桑地诺的部队与美军及政府军战斗近两百次，迫使美军于1933年撤出尼加拉瓜；墨西哥卡德纳斯通过改革把由外国垄断资本控制的铁路、石油等行业收归国有，引领墨西哥走上现代化之路。

第一条 为了社会利益和国家利益，兹宣布凡属下列公司（名称略）之机器设备、器材、建筑物、油管、贮油池、交通道路、油槽汽车、加油站、船舶及其他动产与不动产，一律收归国有。其所以如此，系因根据国民经济部之意见，此类资产均为石油工业产品之开采、加工与分配所必需。

第三条 对于国有化企业所蒙受之损失，财政部将根据宪法……予以相应补偿。补偿款项将定期以现金支付，支付年限不得超过十年……

——《卡德纳斯政府关于石油国有化的法令》（1938 年 3 月 18 日），
齐世荣主编：《世界通史资料选辑·现代部分》第二分册，
商务印书馆 1982 年版，第 355 页。

最后是对殖民主义列强主宰下的世界格局的冲击。各国的革命运动无论发展程度如何、斗争结果如何，都直接或间接地打击了帝国主义及其支柱封建主义，使一战后本已衰落的殖民主义势力进一步削弱，加速了殖民体系的瓦解。亚非拉地区的民族民主运动虽然从结果来看这些抗争未必全部胜利，但是却沉重打击了帝国主义和殖民主义，从思想和实践上彻底动摇了列强占绝对统治的国际秩序。

历史之音

1. 有学者认为，20 世纪上半叶两次世界大战是促成中华民族伟大复兴的外生力量。如何理解这一看法？

如果说一战后的战后利益分配促进了中国的民族国家觉醒，成为国际俱乐部的一员，并因为五四运动而将现代国家建构最为重要的观念动力——民主与科学，成功带入中国的现代国家建构进程的话，那么，二战让中国第一次真正以战胜国的主导身份加入了国际联盟，也就是战后成立的联合国，并且以中国所取得的五大常任理事国地位，成功确立起中国在民族国家的国际条约体系中的自主地位。

——任剑涛：《催熟民族国家：两次世界大战与中国的国家建构》，
《四川大学学报》（哲学社会科学版）2020 年第 6 期，第 7 页。

中国在两次世界大战中发挥的作用从根本上改变了中国自晚清以来所处的常年战败国地位，让中国赢得了较为平等的民族国家身份和以此进入国际社会的契机。

1914 年一战爆发，1917 年中国参战加入协约国一方，并收回德国、奥匈帝国在天津、汉口的租界，撤销两国的领事裁判权。同时，十几万劳工远渡重洋前往欧洲前线，为协约国一方取得胜利做出了贡献。一战胜利后，在巴黎和会上，中国第一次向全世界提出了修正不平等条约、争取国际平等地位的要求。其目的虽未达到，但中国迈出了最重要的第一步。在五四运动的浪潮下，中国代表以拒绝在《凡尔赛和约》上签字来表达了中国对不公正国际秩序的控诉，这也是晚清中国政府无力做到的。正是有了巴黎和会的诉求表达，才有了后来在华盛顿会议上从日本手上收回了山东主权。

相比一战主要在劳动力上做出贡献，二战时期中国则直接成为抵抗法西斯的主要国家之一。不仅在国内抵抗日本军队，开辟了对日本法西斯持久作战的东方主战场；而且派遣远征军进入缅甸作战，给予盟军以军事、战略和资源、情报的重大支持。由此中国抗战为赢得世界反法西斯战争的胜利做出了重大贡献。二战期间，中国更加积极主动地与列强据理力争，力图以国际条约的形式维护国家利益，并推动世界反法西斯同盟的建立。1942 年中国参与发起二十六国“联合国家宣言”、1943 年与英美签署《开罗宣言》，由此中国国际地位不断提高。1943 年，通过谈判，中国与美、英达成协议，废除不平等条约，取消在华特权，订立新的条约；接着又与 10 余个西方国家废除旧约，签订新约。

二战后中国进入联合国的主导国家行列，因此不仅不再忧惧、拒斥国际条约体系，而且会主动为国际秩序与和平协调机制的完善提供中国方案。

2. 如何理解国际联盟是“一项伟大的实验?

国联是“一项伟大的实验”，它把数个世纪以来为和平奔波不息的人的希望和梦想变成了扎扎实实的东西。它的遗产就是留下一个广为认可的理念：全世界各民族可以也必须为了集体安全而合作。

——［加］玛格丽特·麦克米伦：
《缔造和平：1919 巴黎和会及其开启的战后世界》，
邓峰译，中信出版社 2018 年版，第 113 页。

第一次世界大战给 19 世纪以来生活和平的人类敲了一记警钟，和平并不是自来就有，是需要在这个日益拥挤复杂的环境中通过人与人、国与国的努力缔造的。国际联盟的建立是 20 世纪国际政治的重大发展，是大战后建立的第一个由主权国家组成的常设国际组织，代表了人类社会对世界和平和努力追索。

◆ **国际联盟的成立代表了人类对国际关系的新思考。**

19 世纪以前，国家往往是以一家一族的王室为核心的国民团体，君主和王室的利益是发动战争、和平停战的核心考虑要素，国内人民的利益和诉求往往并不为政治家考虑在内。到了 20 世纪以后，启蒙思想的传播、工业革命的扩展、十月革命的爆发推动民众不断思考自己和国家政府之间的关系，人民主权和国家利益高度捆绑，国家利益的增进要靠和平，和平才能带来贸易和工业的兴盛，才能带来生活的稳定和富足。

> 国际联盟作为一战后世界上第一个由主权国家组成的常设国际组织，并不是政治家凭空臆想出来的，而是一战的战胜国根据时代的发展和自身的需要，在吸收 19 世纪欧洲协调体制以及其他国际组织运作机制的基础上创建的。
>
> ——徐蓝：《国际联盟与第一次世界大战后的国际秩序》，《中国社会科学》2015 年第 7 期，第 188 页。

19 世纪欧洲各大国在维也纳体系下成立了一个相对均势的结构。在这一背景下，为防止大国称霸欧洲而爆发新的大规模战争，欧洲国家开始通过“会议外交”的方式，即定期通过国际会议的形式对列强间的矛盾及利益纷争进行仲裁协商，以保持欧洲的协调，维护大国的利益，展现了 19 世纪欧洲大国间为实现和平的努力和克制。定期的会晤协商也表明“会议外交”的程序化和机制化，成为国际联盟之类的国际组织核心理念的萌芽；此外，随着资本主义在全球的扩展，世界各地在各个层面联系更加紧密，各类国际组织相继出现。它们的机构设置、程序规则也为国际联盟的组织架构和运作机制奠定了基础。

在思想观念方面，17 世纪以来国际法的发展为国际争端的解决提供了法理依据和仲裁方法，为和平解决国际争端提供了可能。19 世纪以来的反战运动和世界和平运动不仅在理念上有所创新，更在世界各地举行了一系列的会议，募集了大量的资金，扩大了运动的影响力。

大战的突然爆发、战争进程的出人意料、战争的长期化以及对世界各国的消耗将 19 世纪的强权政治基底进一步摧毁，饱受苦难的人民群众对和平和秩序有着强烈的期待和渴望，国际联盟就是在这样的环境下诞生的。

◆ **国际联盟的成立代表了人类解决国际问题的新尝试。**

1920 年 1 月 20 日，《凡尔赛条约》生效，国际联盟正式成立。当时的会员国有 44 个，战败国和苏俄暂被排除在外，后来发展到 63 个，美国则始终未加入国际联盟。

国际联盟盟约共 26 条，主要内容包括国际联盟的组织机构和职能，建立国际联盟的目的和达到目的的手段，以及管理殖民地的委任统治制度。国际联盟的主要机构是会员国全体代表大会、行政院和常设秘书处。代表大会每年 9 月在日内瓦召开一次常会，每个会员国有一票表决权。它们的所有决议必须经全体会员国一致表决通过。常设秘书处由行政院指定的一位秘书长领导。国际联盟还设立了国际常设法院、国际劳工组织、常设委任统治委员会等机构。

国际联盟盟约宣称，国际联盟成立的宗旨在于“促进国际合作，保证国际的和平与安全”，为此盟约提出了会员国为实现这一宗旨而应尽的主要义务与职责：裁减军备；相互尊重并保持领土完整和行政独立，仲裁争端，反对并制裁侵略；公开邦交，废止与国际联盟盟约不符合之条约。

在国际联盟成立以后的第一个 10 年里，也就是 20 世纪的 20 年代一共处理了 30 多起国际争端。这些国际争端大体上可以分为两种类型，一种是因历史遗留问题，尤其是第一次世界大战的遗留问题引发的国际争端，比如亚兰群岛的主权问题、维尔纳争端、上西里西亚的归属问题、阿尔巴尼亚的划界问题、默麦尔问题和摩苏尔问题；另一种是由突发事件引发的国际争端。比如科孚岛危机和希腊—保加利亚危机等。

国际联盟为了实现它的宗旨进行了积极的工作，并取得了一定的成就。它直接或间接地处理了多起国际争端，其中大多数争端获得了比较满意的解决。这一时期，国际联盟的集体安全机制运作比较正常，国际联盟盟约所宣示的原则和建立的制度得到了一定的尊重，国际联盟已经逐渐成为国际关系中的一个正常而必要的部分。

> 当争端不涉及或不直接涉及到某个强国的利益时，国联处理起来就较为顺利和较为迅速。如希腊—保加利亚危机，不但很快得到了解决，而且还做出安排，消除两国发生冲突的根源，以避免再次发生类似事件。当争端涉及到大国利益时，国联处理起来就困难重重，结局也不圆满。
>
> ——于琳琦、李波洋：《国际联盟对20年代国际争端的调处及其积极作用》，《北京电子科技学院学报》，第 16 卷第 1 期，第 29 页。

然而国际联盟最为人所诟病的正是在意大利入侵埃塞俄比亚和日本入侵中

国东北问题上的无力，而日本与意大利至少在当时正是一战战胜国，世界上的大国。当面对这些国际联盟会员国，政治大国践踏国际联盟原则时，作为凡尔赛—华盛顿体系的有机组成部分的国际联盟就失去了对侵略行为采取任何有效行动的可能性，无法制止战争的发生。因此，到了战云密布的 20 世纪 30 年代，国际联盟在保证国际安全与和平方面没有做出应有的贡献，反而在客观上助长了侵略。

第八单元

20 世纪下半叶世界的新变化

第一部分　单元解析

课程标准要求

高中课程标准对本单元的教学要求阐述如下：

通过了解第二次世界大战后资本主义、社会主义与第三世界国家的变化，认识其发展中的成就与问题；通过了解冷战时期的典型事件，认识冷战的基本特征，理解冷战的发生、发展与世界格局变化之间的相互影响。

单元主题解读

本单元的单元主题“20 世纪下半叶世界的新变化”包含了三个关键词，时空定位清晰。“20 世纪下半叶”指明本单元的时间范畴，从第二次世界大战结束后延续至今；“世界”是对本单元所涉空间概念的界定，包含资本主义国家、社会主义国家和发展中国家；而“新变化”一词，是对战后世界史走向特征的高度概括：在二战后数十年的时间内，国际格局、资本主义阵营、社会主义阵营、原来的殖民地半殖民地，均出现了一系列“新变化”，而这些变化又冲击了旧的世界秩序，孕育着不可逆转的多极化趋势，反过来推动了国际格局的新变化。最终，东欧剧变、苏联解体，两极格局宣告终结。冷战结束后，世界在“和平与发展”的时代主题中进一步调整、变化、前行，新的国际格局和全球秩序正在重塑中。

在本单元的导言中，有三点表述值得关注。

一是“世界发生了深刻变化”，纵观二战后的历史，与 20 世纪前半期相比，无论是国际格局还是资本主义国家、社会主义国家、原来的殖民地半殖民地国家，均发生了翻天覆地的变化，故以“新变化”一词作为本单元的单元标题。

二是“冷战是战后国际关系的重要现象”。要注意冷战的基本特点。冷战不是热战，战后世界尽管有局部冲突，但美苏之间始终没有直接爆发大规模战争，因此世界得以在整体上保持和平。正是在整体和平的大环境下，科学技术出现新突破，“发展”成为时代的主题——资本主义国家、社会主义国家和发展中国家，都进行了一系列调整、变革，获得了长足的发展，也面临问题与挑战。

三是“两极格局中孕育着世界多极化的发展趋势”。要理解“新变化”与世界格局变化之间的互动关系。社会主义与资本主义阵营内部的重大结构性调整、殖民体系的瓦解和发展中国家的崛起，这些从两极格局中孕育出来的新变化冲击了旧的国际格局，反过来推动多极化趋势不断深入发展。

单元内容结构

本单元总共 4 课，第 18 课“冷战与国际格局的演变”、第 19 课“资本主义国家的新变化”、第 20 课“社会主义国家的发展与变化”、第 21 课“世界殖民体系的瓦解与新兴国家的发展”。

单元标题中“新变化”一词高度概括了这一阶段世界历史发展的整体特征。本单元中每一课的内容都紧密围绕单元标题中的该关键词展开，对“新变化”究竟“新”在何处、“变”在何处进行了系统的阐释。

从宏观角度看，第 18 课开宗明义阐明国际关系的新变化：二战后，美苏从战时盟友迅速走向非战非和的对峙竞争的冷战状态，以欧洲为中心的传统国际格局被美苏两极新格局取代。

而第 19 课和第 20 课则分别阐明两大阵营内部的新变化。就资本主义社会而言，二战后，资本主义国家在市场主导和政府调节之间形成了一定的自我调节机制，借助科技新发展带来的经济腾飞缓和了社会矛盾，但其制度的基本矛盾依旧存在。就社会主义阵营而言，二战后，社会主义国家的建设取得巨大成就，尽管遭遇过挫折，但中国特色社会主义举世瞩目，证明了社会主义的强大生机。

最后，第 21 课介绍了独立于两大阵营之外的第三世界发展中国家的新变化。二战后，亚非拉殖民地半殖民地国家冲破资本主义世界殖民体系，赢得民族独立，为改变不合理的国际政治经济新秩序进行不懈努力，逐渐成为影响国际格局的一支重要力量。由此，本单元的 4 课紧扣单元标题，从四个不同的视角全景式展示了“20 世纪下半叶”整个“世界”的“新变化”。

核心素养水平

（1）能够了解 20 世纪下半叶冷战的过程，通过典型事件认识冷战的基本特征，以联系的视角理解冷战的发生、发展与国际格局变化之间的相互影响。

（2）能够从二战后资本主义阵营、社会主义阵营及发展中国家的“新变化”角度入手，通过对相关史料的分析比较，在史料实证的基础上认识其发展中的成就与问题。

（3）能够以唯物史观解读第三次科技革命引发的深刻社会变革，理解伴随着生产力的突飞猛进，生产关系、社会结构、生活方式，甚至国际格局都出现了剧烈的变化。

（4）能够从“质量互变”的视角认识“新变化”与世界格局之间的互动关系。两极格局中孕育的一系列“新变化”作为“量”变持续积累，推动世界不断向多极化方向发展，最终引发东欧剧变、苏联解体的“质”变，宣告旧的国际格局终结。冷战结束后，新的全球秩序正在重塑中，世界历史开启又一轮的“量”变。理解质变是量变的必然结果，质变同时也是新一阶段的量变的开始。

（5）能够感悟社会主义发展的艰难曲折与中国特色社会主义焕发的勃勃生机，认识在日益复杂的国际关系中不断改革，努力建立国际政治经济新秩序的必要性，培养现实关怀与家国情怀。

第二部分　教材比较

与初中课程标准、教材比较

《中外历史纲要（下）》第八单元文本内容是《世界历史第二册》中的第五单元“二战后的世界变化”的延伸，两者既有共性又有差异。

1. 课程标准相关内容表述

课程标准相关内容表述对比见表 8－1。

表 8－1 课程标准相关内容表述对比（第八单元）

初中课程标准	高中课程标准
1. 通过了解杜鲁门主义、马歇尔计划、德国分裂、“北约”与“华约”的建立，认识苏“冷战”对峙局面的形成； 2. 通过了解美国和日本经济的发展，欧洲联合趋势的发展以及社会保障制度的建立，初步理解战后资本主义发展的新特点； 3. 了解社会主义从一国到多国的实践，知道社会主义阵营的形成和苏联的改革，了解东欧剧变和苏联解体，认识中国特色社会主义建设的意义； 4. 通过万隆会议、“非洲年”、巴拿马收回运河主权等史事，知道战后殖民体系的崩溃和亚非拉国家为捍卫国家主权、发展经济所进行的斗争	1. 通过了解第二次世界大战后资本主义、社会主义与第三世界国家的变化，认识其发展中的成就与问题； 2. 通过了解冷战时期的典型事件，认识冷战的基本特征，理解冷战的发生、发展与世界格局变化之间的相互影响

初中课程标准对了解美苏“冷战”相关史事、战后资本主义和社会主义发展和改革的具体表现、中国特色社会主义建设的意义、战后亚非拉民族独立典型事件给予了明确的要求。相较于初中课程标准，高中课程标准更突显 20 世纪下半叶“总体国际格局的新变化”和“不同类型国家的新变化”这两大主题，以“第二次世界大战后世界历史发展的主流与大趋势”作为单元大概念，强调冷战与世界格局变化之间的相互影响，从整体把握历史发展的规律性现象。

2. 教材相关单元、课、目编排

教材相关单元、课、目编排对比见表 8－2。

表 8－2 教材相关单元、课、目编排对比（第八单元）

<table>
<tr><th colspan="2">《世界历史第二册》</th><th colspan="2">《中外历史纲要（下）》</th></tr>
<tr><td colspan="2">第五单元　二战后的世界变化</td><td colspan="2">第八单元　20 世纪下半叶世界的新变化</td></tr>
<tr><td rowspan="3">第 16 课
冷战</td><td>冷战的发生</td><td rowspan="3">第 18 课
冷战与国际格局的演变</td><td>冷战与两极格局</td></tr>
<tr><td>德国的分裂</td><td>两极格局的瓦解</td></tr>
<tr><td>北约与华约对峙</td><td>冷战的发展与多极力量的成长</td></tr>
<tr><td rowspan="4">第 17 课
二战后资本主义的新变化</td><td rowspan="2">欧洲的联合</td><td rowspan="4">第 19 课
资本主义国家的新变化</td><td>科学技术的新发展</td></tr>
<tr><td>“福利国家”与社会运动</td></tr>
<tr><td>美国的发展与日本的崛起</td><td>国家的宏观调控</td></tr>
<tr><td>社会保障制度的建立</td><td>社会结构的新变化</td></tr>
</table>

（续表）

《世界历史第二册》		《中外历史纲要（下）》	
第 18 课 社会主义的发展和挫折	社会主义力量的壮大	第 20 课 社会主义国家的发展与变化	苏联的发展、改革和解体
	苏联的发展与改革		东欧的社会主义建设、改革和剧变
	东欧剧变与苏联解体		苏联的发展、改革和解体
			中国社会主义的发展
第 19 课 亚非拉国家的新发展	万隆会议	第 21 课 世界殖民体系的瓦解与新兴国家的发展	世界殖民体系的崩溃
	“非洲年”		发展中国家的成就
	拉美人民维护国家主权的斗争		发展中国家面临的挑战

◆ 从内容编排看，《世界历史第二册》第五单元“二战后的世界变化”共 4 课时，单元主题聚焦第二次世界大战后世界形势发生的重大变化。《中外历史纲要（下）》第八单元“20 世纪下半叶世界的新变化”共 4 课时，单元主题不仅围绕 20 世纪下半叶世界历史的发展概貌，更侧重于反映世界历史发展的主流和大趋势，即冷战大背景下，资本主义社会、社会主义社会和民族独立运动都发生了深刻变化，在冷战形成的两极格局中，也孕育着世界多极化的发展趋势，和平和发展逐渐成为时代主题，世界更加紧密地连成整体。

◆ 就知识点而言，《中外历史纲要（下）》第八单元相较于《世界历史第二册》第五单元新增知识点大致有：两极格局的瓦解、国家的宏观调控（《世界历史第二册》第四单元第 13 课《罗斯福新政》已认知国家干预经济）、资本主义社会结构的新变化、中国社会主义的发展（《中国历史第四册》第二、三单元已学习中国社会主义制度的建立、建设的探索和道路的开拓等）、发展中国家的成就、发展中国家面临的挑战。

此外，高中知识点“科学技术的新发展”（《世界历史第二册》第五单元第 17 课“知识拓展”栏目提到“第三次科技革命”）将在《世界历史第二册》第六单元第 22 课进行详细介绍。

◆ 从行文表述上看，需要特别指出下列方面。

《世界历史第二册》第五单元的标题是“二战后的世界变化”；《中外历史纲

要（下）》第八单元的标题是“20世纪下半叶世界的新变化”，突出了“新”。

《中外历史纲要（下）》第八单元“单元导语”明确指出，“资本主义制度的基本矛盾依然存在并继续发展”“社会主义的强大生机与活力”“独立后的发展中国家为改变不合理的国际政治经济秩序进行着不懈的努力”；初中“单元导语”对应的表述为“一些资本主义国家逐步实现经济复苏”“苏联和东欧国家的社会主义建设取得很大成就，也遇到不少挫折”“广大发展中国家日益成为影响世界发展的重要力量”。高中统编教材在多极化发展趋势的行文表述中彰显了中国特色社会主义建设成就，强调独立后的发展中国家的世界意义。

与华师大版教材比较

《中外历史纲要（下）》第八单元文本内容与华师大版《高中历史第六分册》第三单元“战后国际政治格局的演变”的主要内容、第四单元“战后科学技术革命”的部分内容存在交叉，在内容编排、文字表述等方面也存在较明显的差异。

从内容编排看，《中外历史纲要（下）》第八单元以“新变化”一词统摄整个单元，更侧重突出二战后世界历史发展的总体趋势，关注20世纪下半叶与此前的不同。华师大版《高中历史第六分册》的两个单元更关注战后政治、科技、经济等方面的具体事实，凸显时序性。需要特别指出的是，《中外历史纲要（下）》第八单元开篇即叙述冷战，没有涉及华师大版第三单元第7课“雅尔塔体制和布雷顿森林体系”的相关内容。《中外历史纲要（下）》将“雅尔塔体系”的相关内容整合到第七单元第17课“战后国际秩序的建立”子目中，将“布雷顿森林体系”的相关内容整合到选必一第15课“世界货币体系的形成”子目中。同时将中国改革开放的发展成就放到本单元中进行叙述，与苏联的困境形成对照，体现社会主义道路尽管遭遇挫折，但中国的壮举已证明社会主义的生机，从而更完整地展现战后社会主义阵营发展的全局。

从知识点而言，相较于华师大版《高中历史第六分册》第三、四单元，《中外历史纲要（下）》第八单元新增知识点大致有凯南“长电报”和诺维科夫“长电报”、“和平演变”战略、资本主义国家宏观调控、资本主义社会结构变化、“中间阶层”、“福利国家”、黑人民权运动、妇女运动、中国特色社会主义的发展等。华师大版中雅尔塔体制、布雷顿森林体系、经济全球化等内容，《中外历史纲要（下）》第八单元则未涉及。

从行文表述看，《中外历史纲要（下）》第八单元侧重二战后世界历史的整体趋势，叙史上更精简、凝练，高度概括。华师大版《高中历史第六分册》第三、四单元叙史更具体、翔实。如对华师大版中以一整课详细叙述的大国关系的重组、战后科学技术革命、西欧一体化进程等内容，《中外历史纲要（下）》第八单元仅以一目展开，或寥寥数语简单提及，更侧重凸显单元整体性和主题性。

第三部分　核心问题释读

线索一　为何用“新变化”一词概括二战后整个世界的特征？

纵观20世纪下半叶的历史，无论是世界格局还是资本主义阵营、社会主义阵营、原来的殖民地半殖民地均发生了翻天覆地的“新变化”。

1. 什么是“冷战”

正如《中外历史纲要（下）》第18课开宗明义所介绍的“冷战是指20世纪40年代中后期至80年代末90年代初，以美苏为首的两大集团之间逐步形成的既非战争又非和平的长期对峙与竞争的状态”。这是东西方之间长达40多年的紧张较量，它是战争与和平的混合状态。

> 传统战争表现为当事国在战场上进行紧张的较量，战争以一方的失败而告终，战争与和平之间存在着明显的界线。而冷战则不同，既是和平、也是战争的特征贯穿于冷战始终。
>
> ——张小明：《冷战及其遗产》，上海人民出版社1998年版，第375页。

◆ 冷战如何发生——为什么从前的盟友会转为敌手？

（1）战后国际形势的变化。反法西斯战争的胜利，使美苏昔日结盟的利益基础（即共同抵抗法西斯）不复存在，同盟内部原有的矛盾突显。

（2）美苏两国在国家利益、地缘政治大战略、社会制度和意识形态等方面的对立冲突使双方在贯彻雅尔塔体系过程中矛盾不断。实力大致相当的两大国相互猜忌、诸多误判，互动逐渐强硬，冷战随之发生。

◆ **冷战之“冷”——冷战的基本特征是什么？**

冷战是二战后整个20世纪下半叶国际关系的重要现象。所谓冷战，是指20世纪40年代中后期至80年代末90年代初，以美苏为首的两大集团采用除武力之外的一切手段进行斗争的敌对状态。在冷战过程中，美苏通过一系列相互作用的敌对政策和措施，形成两大集团在政治、经济、军事、地缘政治，乃至意识形态、文化、科学技术等一切方面全面对峙。

冷战既具有大国利益冲突的传统实质，又具有明显的地缘政治与战略特点，更兼具强烈的意识形态色彩。但需要指出的是，冷战毕竟不是热战，虽然这一时期呈现出整体紧张的态势，虽然以美苏为首的两大阵营全面对抗相互竞争，但在面临几次较大危机时，都谨慎地保持自我控制，通过政治谈判解决危机，始终没有爆发直接的大规模战争。

> 尽管我们的阶级对抗是不可调和的，肯尼迪和我在防止军事冲突的问题上，却找到了共同的立场和共同的语言。
>
> ——［苏］赫鲁晓夫：《最后的遗言——赫鲁晓夫回忆录续集》，上海国际问题研究所、上海市政协编译组译，东方出版社1988年版，第765页。

以古巴导弹危机为例，美苏虽一度走到核战争的边缘，但最终仍保持了克制，通过谈判解决问题，使人类与所谓“第三次世界大战”擦肩而过。由此可见，两次世界大战的惨痛教训，令人们珍惜来之不易的和平，不敢轻启大规模世界性战争之端。二战中后期建立的雅尔塔体系也对美苏行为方式产生一定约束，即通过政治谈判和平解决争端；于是，冷战中以美苏为首的两大阵营在处理局部政治危机时，都心照不宣地为对方留有一定余地，力避冲突无限升级、事态失控演为直接的军事冲突乃至爆发大规模热战。世界因而得以在整体上保持了半个世纪的和平。

正是在整体和平的大环境下，第三次科技革命应运而生，“发展”成为时代的主题——资本主义、社会主义在对峙、对抗的并存竞争中伴随着相互的吸收、借鉴和渗透，与此同时，冲破世界殖民体系的第三世界逐渐兴起，成为国际社会中不可忽视的一股重要力量。这些因素在整体上推动了人类社会的进步。

◆ **冷战与两极格局、雅尔塔体系是一回事吗？**

雅尔塔体系是二战后期逐渐形成的世界的新政治、经济秩序。其内容主要围绕美苏如何在欧洲、东亚划分势力范围。雅尔塔体系确立有一个过程，但大体上以 1945 年联合国成立作为其确立的标志。它始终以美苏关系为主线，包括美苏合作和美苏对抗两个阶段。在安排战后世界新秩序的过程中，美苏关系逐渐由战时合作演变为战后对抗。

冷战是在雅尔塔体系下发生的美苏非战非和的对峙竞争状态。由此形成的两极格局仅指美苏走向全面对抗后的国际格局。换言之，冷战、两极格局是指雅尔塔体系框架内美苏关系的第二阶段，即对抗阶段。两极格局具有不对称性：美国为首的资本主义集团整体实力强于苏联为首的社会主义集团，双方持续进行的军事威慑特别是核军备竞赛对苏联的伤害远大于美国。20 世纪 80 年代美苏关系走向缓和，主要以苏联的退让妥协为前提。两极格局还具有不完整性，即使在冷战对抗最激烈的时期，两极格局也未能囊括世界上所有的国家和地区，如印度、南斯拉夫等。在冷战发展过程中，第三世界的政治经济也在发展，对两极格局造成牵制和冲击。

◆ **冷战的发生、发展与世界格局变化之间是如何相互影响的?**

二战后初期，伴随着冷战的发生，美苏两极格局形成，取代了传统以欧洲中心的世界格局。到了 20 世纪六七十年代，伴随着冷战的持续发展，国际格局中多极化趋势初显。90 年代苏联解体，终结两极格局，国际力量对比严重失衡，世界局势出现新的动荡，各种力量分化、重组，多极化趋势更加显著。

2. 资本主义阵营内部的“新变化”

◆ **20 世纪下半叶，资本主义有哪些“新变化”?**

在两种制度的对峙与竞争中，资本主义国家出现了一系列新变化。在冷战及二元竞争的大背景下，资本主义国家吸收社会主义的积极因素，将计划注入市场，将平等注入自由，通过渐进改革实现了自我更新。

> 我请求迅速采取行动，制定关于提供这些重要保证的充分就业的立法……农业部长根据和平时期的需要，现正在重新审查现行的各项农业计划，以便使这些计划对农场主和全国人民的福利作出最充分的贡献。……
>
> ……
>
> 我深信，在国会的立法中，对我国的小企业将给予足够的保护和鼓励。
>
> ——［美］杜鲁门:《杜鲁门致国会的二十一点咨文》，载齐世荣主编:《当代世界史资料选辑（第二分册）》，首都师范大学出版社 1990 版，第 43—44 页。

在经济体制领域，资本主义国家普遍加强了国家干预，并为适应时代要求不断在市场主导与政府调节间寻求平衡。在社会保障领域，资本主义国家通过普惠式福利国家制度，在时代变化中寻求效率和公平间的平衡。

◆ **改革是否彻底纠正了资本主义的根本缺陷?**

资产阶级的灭亡和无产阶级的胜利是同样不可避免的。

——［德］马克思、恩格斯：《共产党宣言》，载《马克思恩格斯文集》第二卷，人民出版社 2009 年版，第 43 页。

战后资本主义国家“新变化”的实质是资本主义生产关系的自我改良。政府经济、社会职能的加强，一定程度上突破了私人垄断的局限。这种生产关系的局部调整一定程度上适应了现阶段生产力发展的要求，还能容纳并进一步推动生产力的发展。

但是，无论加强国家宏观调控，还是建立“福利国家”，二战后资本主义国家的种种“新变化”本质上都只是维护资本主义根本制度前提下的自我完善，变的是统治方法、政府职能；不变的是资本主义本质的剥削属性。资本主义的渐进改革效果是有限的，并未彻底纠正资本主义制度的根本缺陷，这正印证了马克思“两个必然”的预言。

3. 第三世界的“新变化”：世界殖民体系的瓦解和新兴国家的崛起

◆ **二战后宗主国放弃殖民统治是“自愿”还是“非自愿”?**

在世界历史上，有许多大帝国兴起，繁荣一个时期，然后垮掉了……只有唯一一个帝国，这个帝国在没有外来压力下或没有对统治的负担感到厌倦的情况下，统治民族自愿地放弃了对臣服民族的统治，把自由给予了它们……这个唯一的例子就是大英帝国。

——英国首相艾德礼在下议院发表的演说，转引自《中外历史纲要（下）》第八单元第 21 课“探究图拓展”栏目。

（英国在印度的最后一位总督蒙巴顿的助手描述印度独立前的形势）1947 年 3 月的印度是一艘舱中满载弹药而在大洋中着了火的船。当时的问题是要在大火延烧到弹药之前把火扑灭。事实上，除了像我们所做的那样去做之外，在我们面前并无选择的余地。

——［英］帕姆·杜德，苏仲彦等译：《英国和英帝国的危机》，转引自《中外历史纲要（下）》第八单元第 21 课“学思之窗”栏目。

艾德礼宣称二战后殖民帝国迅速瓦解是英国自愿放弃的结果。但事实上，这是英国迫于形势心有不甘的无奈之举。英国的综合国力经两次世界大战，特别是二战而衰退，已经不复 19 世纪“日不落帝国”的荣光，无法维持对殖民地的照旧统治。另外，二战后，殖民地半殖民地争取民族独立的浪潮势不可挡，正是在这样的历史潮流下，印度的独立斗争风起云涌，迫使英国改弦易辙。雅尔塔等会议也在“原则上承认被压迫民族的独立权利”。因此艾德礼的说辞只是他作为英国首相，为掩饰英国对印度殖民统治的失败而进行的粉饰。英国驻印度殖民地的官员已直言英国没有“选择的余地”。如果强行采取强硬措施只会让局势更为恶化。

◆ 为什么说战后世界殖民体系的瓦解是长时段、多因素、合力的结果？

1926 年，法国驻印度支那总督写道：“这场用鲜血覆盖整个欧洲的战争……在距我们遥远的国度里唤起了一种独立的意识。……在过去几年中，一切都发生了变化。人们、观念和亚洲本身都在改变。”

——［美］斯塔夫理阿诺斯著，王红生等译：《全球分裂：第三世界的历史进程》，转引自《选择性必修 3　文化交流与传播》第五单元第 13 课“史料阅读”栏目。

把二战后世界殖民体系的瓦解放在整个 20 世纪的历史潮流中考察，两次世界大战使帝国主义国家力量削弱，而殖民地半殖民地国家和地区本身民族资本主义发展，资产阶级和无产阶级的力量随之壮大，殖民地半殖民地人民的持续斗争沉重打击了宗主国，使他们无法照旧统治下去，世界大战助推殖民地半殖民地人民的思想解放和民族独立意识。十月革命的胜利昭示给殖民地半殖民地以社会主义、共产主义的新方向，在苏联的支持和援助下，一些国家独立后走上了社会主义道路，体现了民族解放运动与社会主义运动两大历史潮流的汇流。

在这些因素共同作用的历史合力下，二战后，殖民地半殖民地追求独立的浪潮势不可挡，成为资本主义世界殖民体系彻底崩溃的催化剂。1945—1991 年，世界上有 93 个国家独立：亚洲（南亚）地区，印巴分治建立共和国，结束了英国的殖民统治；北非地区，埃及成立共和国，并收回苏伊士运河；大批非洲国家赢得独立，20 世纪 60 年代出现独立高潮，仅 1960 年就有 17 个非洲国家独立，故得名“非洲年”，80 年代到 90 年代初，帝国主义在非洲的殖民体系最终崩溃；拉美地区，古巴革命推翻美国傀儡政权，宣告成为社会主义国家，巴拿马收回运河区全部主权。

◆ 如何看待“第三世界”的崛起助推国际格局由两极向多极变化？

第三世界的崛起是 20 世纪下半叶重要的历史趋势之一。二战后，占世界土地面积 2/3，人口 3/4 的 100 多个发展中国家由从前被压迫、被奴役的状态走上了自主发展的道路。广大赢得民族独立的殖民地半殖民地国家努力探索适合自己的道路，逐渐发展壮大，使世界的面貌发生了巨变。

政治独立后的第三世界取得了巨大的现代化建设成就：如沙特阿拉伯从“骆驼加帐篷”的农牧业国家发展为“喷气机加计算机”的石油富国；墨西哥奇迹下的外贸政策调整；等等。“第三世界”国家不仅摧毁了旧的资本主义世界殖民体系，而且崛起为国际舞台上一支重要的政治力量，通过联合斗争的方式发挥重大作用。如发端于 1955 年的万隆会议，以 1961 年的不结盟运动为里程碑，“第三世界”要求改变不合理的国际经济旧秩序，构建公正合理的国际经济新秩序，成为影响世界格局的一支重要力量。可见，第三世界的崛起是世界多种政治力量竞争共存的体现，有力地冲击了美苏两极格局，助推国际格局向多极化方向发展。

◆ 殖民主义遗留的问题对新兴国家有哪些影响?

从国际视野来看，第三世界仍面对着西方主导的不平等的国际经济旧秩序。殖民侵略所遗留下来的各种问题仍然深深困扰着第三世界。如殖民地时期形成的一些国家出口仅仅依靠自然资源，独立后成为阻碍其经济发展的主要障碍，而人口膨胀、民族和宗教矛盾、边界问题引发地区冲突和政局动荡也依然严峻。

从亚非拉内部来看，亚洲外向型经济结构过分依赖国际资本和国际市场，使其抵抗金融风险的能力较差；非洲面临内部发展不平衡、人口增长过快、粮食危机、债台高筑的问题，一些国家十分贫困；拉美存在严重的债务危机。同时第三世界的一些国家转型发展空间有限，更多的只是政治权力在大量接受西方教育的精英之间移交，在政治上没有成熟的政党，没有统一的施政纲领，没做好接受国家政权的准备，不具备治理现代国家的能力。

> “……在发给新的采矿许可证时，如其他条件相等，应优先给予法国公司……阿尔及利亚应把米尔斯·克比尔基地租借给法国使用十五年，经两国协议可以续租。”
>
> ——《构成法国和阿尔及利亚之间协定的来往信件和 1962 年 3 月 19 日埃维昂谈判结束时通过的各项声明》（1962 年 7 月 3 日），《国际条约集（1960—1962）》，转引自《中外历史纲要（下）》第八单元第 21 课“史料阅读”栏目。

以阿尔及利亚为例，虽然通过艰苦的斗争获得了独立，但是原宗主国法国的利益依然通过特别条款得到保证。第三世界尽管赢得了民族解放，建立了独立的民族国家，但并没有与原来的殖民体系彻底切割，更没有瓦解西方资本主义国家在国际贸易和全球经济秩序中的支配、主导地位。

总之，历史上的殖民主义埋下了亚非拉民族独立后一系列问题的伏笔。虽然世界殖民体系土崩瓦解，殖民主义和霸权主义的势力依然强大，“第三世界”国家仍需不懈地探索适应自身的持续发展之路，反殖民主义斗争仍任重道远。

线索二　如何以唯物史观“质量互变”“历史合力”规律来认识二战后国际格局的演变与“新变化”之间的关系？

1. 国际格局的多极化趋势是如何出现的？

二战后国际秩序的演变与两大阵营内部结构性调整、第三世界的崛起之间存在互动关系。因此，要在二战后形成的新世界格局（美苏对峙的两极格局）、这种国际格局中资本主义阵营、社会主义阵营、原殖民地半殖民地的一系列“新变化”及正在形成中的最新国际秩序（多极化趋势）这三者之间建构联系。

从质量互变的视角，伴随着冷战的发生、发展，资本主义阵营与社会主义阵营内部都发生了重大结构性调整，世界殖民体系逐渐瓦解，第三世界崛起，这些从原先两极格局中孕育出来的“新变化”作为“量”变持续积累，冲击了旧的国际秩序，反过来共同推动世界从两极向多极化方向发展。最终引发东欧剧变、苏联解体的重大“质”变，宣告旧的国际格局终结。冷战结束后，伴随着多种力量的竞争与共存，新的全球秩序正在重塑中，世界历史开启又一轮的“量”变。质变是量变的必然结果，质变同时也是新一阶段量变的开始。

从历史合力的视角看，国际秩序演变是各种力量之间的相互作用的结果，如资本主义阵营内部西欧、日本的重新崛起，社会主义阵营内部中国综合国力和影响力的不断提升，世界殖民体系的逐渐瓦解和第三世界国家的勃兴与发展。20 世纪 50 年代到 70 年代中后期，多种世界性政治力量崛起深刻地影响了 20 世纪下半叶的世界秩序，在美苏两极对峙的格局中孕育着多极力量的成长。到 80 年代至 90 年代初，多极化趋势更为突出，最终推动两极格局的终结。但世界多极化趋势并没有因冷战的终结而停止，而是继续向前发展，不可逆转。可见，历史是多重因素合力的结果，但不能忽视其中主要矛盾的推动。

2. 何谓两大阵营内部的结构性调整？

两大阵营内部的结构性调整指两大阵营内各种政治力量的分化组合及相对实力的削弱或上升。在资本主义阵营内部，美国深陷越战泥沼、经济滞涨带来实力的相对下降。西欧一体化、日本经济腾飞带来西欧、日本实力的相对上升。西欧各国希望掌控自己的命运，以德法宿敌的和解为基础，成立欧洲煤钢联营，发展为欧共体，欧洲一体化程度逐渐加强，成为世界的一大力量中心。20 世纪 70 年代日本经济腾飞后与美国贸易摩擦加剧，开始追求政治大国地位，与美新签条约恢复部分主权。以美国为首的西方集团分化，美国、西欧、日本渐呈三足鼎立之势，美国霸权地位削弱。

在社会主义阵营内部，与美国争霸的过程中苏联模式的问题渐显，数次改革无法突破困境，苏联实力相对下降。与此同时，苏联大国主义越演越烈，社会主义阵营内部的关系发展为控制与反控制，苏联与南斯拉夫、阿尔巴尼亚、中国的关系先后破裂，社会主义阵营解体。伴随着中国改革开放带来的实力的相对上升，中国逐渐成长为国际社会中一支不可忽视的重要政治力量。

> 从经济角度看，美国不再是世界头号国家，世界也不再仅有两个超级大国。从经济状况和经济潜力看，当今世界有五大力量中心。未来五年、十年或十五年，在我们有生之年，我们将看到五大超级经济力量：美国、苏联、西欧、中国，当然还有日本。这五大力量将决定经济的未来，由于经济力量对其他力量的关键作用，这五大力量与将决定本世纪最后 1/3 时间的前途。这意味着，与我们在第二次世界大战结束后所处的地位相比，美国面临着我们甚至连做梦也没有想到的挑战。在即将到来的世界中，美国将不再处于十分突出的地位，或者完全占支配地位了。
>
> ——摘编自《尼克松在堪萨斯城的讲话》（1971 年 7 月 6 日）英文版，转引自《中外历史纲要（下）》第八单元第 18 课“史料阅读”栏目。

尼克松看到了世界发展的大趋势，指出美国面对的既不是二战刚刚结束时残破的世界，也不是冷战发生后的美苏两极世界，而是正在走向多极化发展的新世界，因此美国必须调整政策以适应形势变化。另外，尼克松承认中国正在成长为世界上的一个重要力量，美国多年的封锁、孤立、遏制中国政策已经失败，需抓紧时机调整对华政策，改善与中国的关系。

线索三 “科学技术的新发展”与资本主义国家社会结构的变化有何关系？

1. 二战后的科技发展对社会结构带来了怎样的影响?

二战后科学技术的新发展是20世纪下半叶世界“新变化”不可忽视的重要一环。科技新发展促成生产力的飞跃，带来资本主义国家社会结构的多层次化这一生产关系/经济基础的改变，继而引发政府加强宏观调控、实施“福利国家”上层建筑的变革。

科技是第一生产力，生产力的飞跃引发生产关系/社会结构的变迁。二战后第三次科技革命的勃兴引发资本主义国家的就业人口、产业结构相应变化，教科书中的“二战后美国、联邦德国、日本就业人口变化表”反映出服务业繁荣，以及介于无产阶级和资产阶级之间的“中间阶层”人数增加，推动了资本主义社会结构出现复杂、多层次化的新现象。20世纪下半叶资本主义国家社会结构的新变化是科技发展和生产力进步引起生产关系变化的产物。

2. 资本主义国家社会结构的实质是什么?

社会结构同时也是经济基础，而“国家宏观调控”和“福利国家”都属上层建筑的改革，既然资本主义国家在经济基础层面出现了新变化（介于无产阶级和资产阶级之间的“中间阶层”人数增加了，从原来的金字塔形趋向橄榄形），阶级矛盾似乎也应有所缓和。既如此，按“经济基础决定上层建筑”规律，何以还需要在上层建筑领域加强国家政权对经济和社会的干预呢?

仔细推敲，不难发现，所谓“中间阶层”仅占人口比例的25%—30%。二战后资本主义社会中占主导的仍然是资产阶级和无产阶级，即两大阶级的对立仍是战后资本主义社会结构的主体。另外，中间阶层不拥有生产资料，这些人的增加并没有改变资本主义国家的生产资料仍然为少数资本家所占有的基础，因此资本主义的基本矛盾也没有被解决，而由这一基本矛盾引发的供需失衡和贫富分化依旧严重。正是这样的经济基础决定了仍需要在上层建筑领域通过加强国家宏观调控来救治纯市场调节和自由放任的弊端，通过建立普惠式的“福利国家”制度来缩小贫富差距、缓和阶级矛盾，从而稳定资产阶级的统治秩序。

一方面，随着资本主义生产力飞跃，原先的私人垄断资本主义已无法适应更进一步的社会化大生产的需要，迫使国家政权直接参与经济和社会的运行，通过国家垄断资本主义，全面、持续地干预经济并调节社会再分配，以缓解其基本矛盾带来的供需失衡和贫富差距，适应生产力的发展需要。

> 新的科技革命促进着社会政治体制、经济结构、文化教育的变革，孕育着新的思维方式和新的世界观，使人类社会生活和人的现代化向更高境界发展。
>
> ——吴于廑、齐世荣：《世界史·现代史编　下卷》，高等教育出版社 1994 年版，第 280 页。

这就印证了马克思在 1859 年《〈政治经济学批判〉序言》中对原先看法的补充："无论哪一个社会形态，在它所能容纳的全部生产力发挥出来以前，是绝不会灭亡的"。资本主义是一种社会形态。二战后，资本主义通过制度创新，对不适合生产力的部分进行新陈代谢，本质上是生产关系的局部调整。改革后的资本主义还能容纳并进一步推动生产力的发展。此即资本主义在现阶段继续保持较大活力的原因。

另一方面，20 世纪下半叶资本主义的一系列改革反过来助推第三次科技革命和资本主义生产力的发展。因新科技往往要求国家的统一组织和协调，国家宏观调控的加强适应了这样的要求，突破私人垄断的盲目性，反过来促进科技突破，使生产力获得更多的发展空间。

> 由于第三次科技革命中的各项技术都是知识密集性、战略性、时效性、风险性强的新技术，没有大规模、多学科的有机配合和国家的统一组织、规划和投资，是很难完成的。
>
> ——吴于廑、齐世荣：《世界史·现代史编　下卷》，高等教育出版社 1994 年版，292—293 页。

历史之音

1. 为什么有学者认为持续近半个世纪的冷战是"长时期的和平"？

> 当历经多年战事后，一方最终胜出，战争结束了，每个人都说这必定会是历史上的最后一次大战。但是，令所有人恐惧的是，这场冲突中的胜利者们立刻陷入了内讧，结果始终没有召开和会。几年之内，每个主要的胜利者都开始把彼此而非以往的敌人视作他们生存的主要威胁；每方都谋求通过研

制至少在理论上能结束地球上所有人生命的武器，来确保自己的生存。令人费解的是，这次的安排持续的时间居然比上次长一倍，而且直至故事结束时似乎也没有显示出很快将会瓦解的征兆。

——［美］约翰·刘易斯·加迪斯：《长和平：冷战史考察》，上海人民出版社 2011 年版，第 288 页。

相较于残酷热战，冷战在一定程度上来说确实是人类历史的进步。冷战双方应对危机时的自我控制机制，为之后人类处理危机提供了示范。克服零和思维与冷战思维，坚持不同社会制度的国家和平共处、和平竞争与合作共赢，这些都应该成为国际关系的基本准则。

冷战作为一种国际体系，除了以美苏为中心两大阵营在欧洲的非军事性对抗外，还包含美苏在南亚、东亚、西亚、非洲、美洲全面争夺而引起的区域冲突的持续出现，世界呈现和平和动荡并存的特点。

不同社会制度的国家在长期共存中，从对方身上借鉴了经验，吸取了教训，并将其运用于自身调整和改革，促进了世界的整体发展。这场冷战没有谁是最终赢家，美国没赢，世界上制衡美国的力量越来越多；苏联没赢，最终以苏联解体结束了这场历时近半个世纪的对抗；世界殖民体系的瓦解使得一些新兴国家得到发展，但战争的创伤需要时间消弭，他们很大程度上还是依赖于大国，发达国家与发展中国家的差距依旧很大。后冷战时代带给我们关于文明的冲突与世界秩序重建的思考。

2. 教材为何用“苏联模式”取代“斯大林模式”？

《中外历史纲要（下）》第 15 课“十月革命的胜利与苏联的社会主义实践”第 3 子目“苏联建设社会主义的实践”中指出：“斯大林领导的建设社会主义的体制机制，后被称为‘苏联模式’。”而在许多人的印象中以及人教版之前的课程标准和教材中往往将苏联的社会主义模式称为“斯大林模式”。

教材为什么要将用“苏联模式”取代“斯大林模式”呢？这两个词有何区别和联系呢？

首先，从词义的外延和内涵角度着手，国内专家对这两个词进行了辨析。

显然，从外延上看，“斯大林模式”只是“苏联模式”中的一个发展阶段；从内涵上看，“斯大林模式”尽管反映有斯大林执政的个人特点，二者有区别，但在本质上与“苏联模式”是一致的，因此，“苏联模式”与“斯大林模式”虽有区别，但相同大于区别。

——吴恩远：《“斯大林模式”与“苏联模式”的界定和评价》，《长江师范学院学报》2020 年第 1 期，第 70 页。

斯大林并不是苏联历史上唯一的领导人，也不是第一个领导人。在他之前，列宁执政时期作了许多开创性的工作，为苏联的诞生和发展奠定了坚实的基础。在斯大林之后，无论是赫鲁晓夫还是勃列日涅夫，抑或是戈尔巴乔夫，都曾对苏联的政治和经济制度进行过重大的改革，所以用斯大林作为苏联社会主义发展模式的代表，有一定的片面性。

但是，斯大林的确在苏联的发展历史上刻上了极其深刻的印记。政治上的高度集权、经济上的高度集中、指令性的计划经济体制、工农业的严重失调，甚至是文化上的个人崇拜，这些深刻影响苏联发展，乃至最终导致苏联走向解体的特征都是在斯大林执政时期逐渐形成与推广的。斯大林之后的历次改革虽有涉及，但始终无法走出他所奠定的模式，一直延续到苏联解体。

其次，“斯大林模式”往往与失败，与苏联的弊端联系在一起。

西方学者一直认为：“苏联解体是斯大林模式的失败”，“斯大林模式的极权主义管理体制最终必然走向这种可悲结局”。甚至俄罗斯一些“左翼”学者也把苏联解体与斯大林模式联系在一起。如著名社会活动家、莫斯科大学教授 A. B. 布兹加林、A. И. 科尔加诺夫认为：斯大林模式是导致苏联解体的主要原因。我国一些学者也持这种观点。如《苏联剧变新探》一书明确指出：“本书新观点在于：具有 70 年历史的斯大林模式是导致苏联解体的主要原因。”

——吴恩远：《近年来国内外学界对苏联解体原因研究综述》，《世界历史》2009 年第 1 期，第 106 页。

我们发现在特定的历史背景下，斯大林执政时期的体制机制并非如西方学者所言最终导致了苏联的失败。20 世纪 30 年代，面对强敌环伺，在斯大林的领导下苏联的发展模式为最终打败法西斯奠定了坚实的基础。

二战后初期，苏联重工业和军事科技发展迅速，成为广大新兴独立国家学习的榜样，到 1953 年，苏联模式扩展到从中欧到东亚的 12 个国家，在苏联的援助下，东欧国家在战后迅速恢复经济，而新中国也通过“一化三改造”全方位向苏联学习，改变了新中国成立之初工业落后的面貌，建立了新中国的工业化基础。可见，苏联模式对中国社会主义制度的建立产生了积极影响。

全国同时开展了一万多个工矿建设单位的施工，苏联援建的一百五十六个项目中有六十八个全部或部分建成投产，从而使我国的社会经济结构和国民经济面貌发生了重大变化。

——刘仲藜主编:《奠基——新中国经济五十年》，中国财政经济出版社 1999 年版，第 108—109 页。

正是有了苏联的援助和发展的模式，广大新兴国家才能摆脱落后状态逐渐走上工业化发展道路，开创了本国发展的新气象。如果我们以之后的制度僵化与国际局势的变化所导致的东欧剧变来倒推苏联发展模式的问题，这本身就不符合历史唯物主义。

综上所述，从词义的外延和内涵，结合词汇本身在历史语境中的印象，高中课程标准和《中外历史纲要（下）》用“苏联模式”来取代“斯大林模式”是比较符合历史本身的。

第九单元
当代世界发展的特点与主要趋势

第一部分　单元解析

课程标准要求

高中课程标准对本单元的教学要求阐述如下：

通过了解冷战结束后世界多极化、经济全球化、社会信息化、文化多样化的发展特点，以及出现的全球性问题，认识人类社会面临的机遇与挑战，理解和平、发展、合作、共赢成为时代潮流；牢固树立构建人类命运共同体意识，共同担当，同舟共济，共促全球的和平与发展。

单元主题解读

本单元的大标题“当代世界发展的特点与主要趋势”包含了特点与趋势两个关键词。冷战结束后的世界发展呈现出新的特点，即政治多极化、经济全球化、社会信息化与文化多样化。在这四个特征的共同作用下，世界已经成为密不可分的整体，同时，全球性问题的出现给人类社会带来了新的机遇和挑战。这就要求世界各国相互合作，走出一条合作、共赢的历史新道路。

教师可以借助本单元导言中的一些关键语句来引导学生厘清历史发展进程，进而明晰本单元基本史实的因果关系和内在发展逻辑。从“世界多极化、经济全球化、社会信息化、文化多样化深入发展”到“各国相互联系和依存日益加深，国际力量对比更趋平衡”，用时代演进的特征勾勒出和平与发展仍是时代的最强音。“世界面临的不稳定性、不确定性突出，人类面临许多共同的挑战，需要各国携手解决”则揭示了全球治理体系改革和建设的新任务，呼应了开篇的“大发展大变革大调整”。“面对世界百年未有之大变局”到最后的“中国智慧和中国方案”，在肯定中国的“大国担当”的同时，描绘出世界各国合作与共赢的发展前景。

单元内容结构

本单元包括两课：第22课“世界多极化与经济全球化”和第23课“和平发展合作共赢的时代潮流”。

从整体来看，两课分别扣在本单元的两个不同关键词上，呈现并列关系。第22课呈现出当今世界发展基本特点推动了世界各国既相互依存又相互竞争的复杂局面的形成。第23课侧重于趋势，在和平与发展的主题下，人类共同面临的全球性问题的挑战，全球人类命运紧密联系，需要共同应对解决。中国倡导并积极践行的构建人类命运共同体，是促进全球治理体系变革的一个可供选择的、理性可行的行动方案。

核心素养水平建议

（1）能够运用唯物史观的相关理论，如生产力与生产关系、经济基础与上层建筑的关系，探索当今世界发展的特点和趋势的内在动因。

（2）从时空视角整体了解世界多极化格局的基本情况，梳理经济全球化演变的基本线索和主要阶段，把握世界历史的横向联系，建构历史发展的纵向脉络。

（3）通过对相关史料的辨析，运用史料的证史逻辑，认识当今时代的特征以及存在的全球性问题和挑战。

（4）运用原因与结果、联系与区别的概念和范畴，客观辩证地认识当今世界历史的发展，从历史与现实的角度解释构建人类命运共同体的必要性和迫切性。

（5）坚定和平与发展的理念，理解和尊重世界各国、各民族的文化传统，形成正确的世界观，树立文化自信。牢固树立构建人类命运共同体意识，增强社会责任感和历史使命感，为促进全球的和平与发展贡献自己的力量。

第二部分 教材比较

一、与初中课程标准、教材比较

高中《中外历史纲要（下）》第九单元“当代世界发展的特点与主要趋势”，是初中《世界历史第二册》第六单元“走向和平与发展的世界”的拓展与延伸，两者既有共性又有差异。

1. 课程标准相关内容表述

课程内容相关内容表述对比见表9－1。

表9－1 课程标准相关内容表述对比（第九单元）

初中课程标准	高中课程标准
1. 通过世界多极化、经济全球化、社会信息化和文化多样化，了解现代世界的基本特点； 2. 知道人口、资源、环境、传染病、社会治理等人类发展面临的共同问题； 3. 通过了解联合国、世界贸易组织等，认识世界各国为解决全球性问题所作出的努力； 4. 知道和平、发展、合作、共赢是时代潮流，了解构建人类命运共同体理念的重要意义	1. 通过了解冷战结束后世界多极化、经济全球化、社会信息化、文化多样化的发展特点，以及出现的全球性问题，认识人类社会面临的机遇与挑战，理解和平、发展、合作、共赢成为时代潮流； 2. 牢固树立构建人类命运共同体意识，共同担当，同舟共济，共促全球的和平与发展

初中课程标准着眼于了解当今世界的基本特点、发展趋势与面临的全球性问题，引导学生关注世界的今天与未来，认同构建人类命运共同体的方案。

高中课程标准更重视从整体上来探讨当今世界的发展特点、全球性问题与时代趋势间的内在关联，力求提出解决全球问题的思路与实践，引导学生理性看待当今世界发展的利与弊，树立构建人类命运共同体的意识和促进全球和平与发展的责任意识，培养学生正确的世界观。

2. 教材相关单元、课、目编排

教材相关单元、课、目编排对比见表9－2。

表 9－2 教材相关单元、课、目编排对比（第九单元）

《世界历史第二册》		《中外历史纲要（下）》	
第六单元 走向和平与发展的世界		第九单元 当代世界发展的特点与主要趋势	
第 20 课 联合国与世界贸易组织	联合国与国际安全 经济全球化与世界贸易组织	第 22 课 世界多极化与经济全球化	世界多极化发展趋势 经济全球化进程加快
第 21 课 冷战后的世界格局	霸权主义与地区冲突 世界多极化趋势的发展 建立国际新秩序的努力	第 23 课 和平发展合作共赢的时代潮流	和平与发展的时代主题 人类发展面临的问题 在合作共赢中促进全球共同发展
第 22 课 不断发展的现代社会	计算机网络与现代社会生活 妇女地位的提高 生态与人口问题	第 22 课 世界多极化与经济全球化	社会信息化与文化多样性

◆ 从内容编排看，相较于高中第九单元“当代世界发展的特点与主要趋势”的内容，初中主要涉及第六单元“走向和平与发展的世界”中的第 20 课“联合国与世界贸易组织”、第 21 课“冷战后的世界格局”和第 22 课“不断发展的现代社会”。初高中都认为和平与发展是当代世界主旋律，中国积极倡导构建人类命运共同体。相对而言，初中侧重于了解当代世界发展的特点、主要趋势与面临的共同问题；高中则是在了解这些内容的基础上，理解在和平与发展的主旋律之下人类面临的诸多机遇与挑战，主张理性看待发展中的利与弊，以及探求解决问题的思路与实践。

◆ 就知识点而言，高中教材在初中的基础上有所拓展，增加了初中教材未涉及的国际货币基金组织、世界银行、人工智能、逆全球化、文化多样化、区域经济集团化等概念。

◆ 从行文表述上看，高中的单元导言明确写道“当前，世界之变、时代之变、历史之变正以前所未有的方式展开”“面对世界百年未有之大变局……中国对全球治理体系改革和建设提供的中国智慧、中国方案、中国力量”，不仅强调了当今世界的特点与时代主题，也注重展示面对问题与挑战，中国的责任担当和中国智慧与中国实践。

与华师大版高中教材比较

《中外历史纲要（下）》第九单元文本内容与华师大版《高中历史第六分册》第三、四、五单元部分内容一致，但在内容的编排、详略、表述等方面存在较多的差异。

◆ 从内容编排看，本单元的两课内容在华师大版《高中历史第六分册》中位于不同的单元内，这与华师大版教材中外历史合编有关。相较之下，《中外历史纲要（下）》紧紧围绕单元大标题“当代世界发展的特点与主要趋势”中的核心概念，从宏观的视角讲述冷战结束后世界新局面，揭示 21 世纪中国和世界历史发展的大趋势；此外，在华师大版教材中单独成一目的“欧共体”“跨国公司”等内容，在《中外历史纲要（下）》第 22 课中则被置于“经济全球化进程加快”一目之中。《中外历史纲要（下）》第 23 课新增“和平与发展的时代主题”与“人类发展面临的问题”两个子目，则以较强的概括性语言和事例揭示单元主题所体现的时代特点以及所面临的全球性问题。

◆ 就知识点而言，《中外历史纲要（下）》第九单元相较于华师大版《高中历史第六分册》相关内容，新增知识点大致有：二十国集团、社会信息化、文化多样性、气候变化《巴黎协定》、金砖国家、“亚投行”、亚洲文明对话大会等。华师大版本《高中历史第六分册》中有关海湾战争、科索沃危机、欧洲煤钢联营、“七十七国集团”、联合国环境规划署通过的文件和公约等相关内容在《中外历史纲要（下）》第九单元中没有涉及。

◆ 从行文表述看，需要特别指出下列方面。

关于冷战后新格局中美国的描述，华师大版《高中历史第六分册》两次提及美国“单边主义”政策，并以海湾战争、科索沃危机、打击伊拉克为例，讲述美国“打击现实或潜在的挑战者”的行为。《中外历史纲要（下）》对这些史实则表述为“美国作为世界上唯一的超级大国，希望建立由美国主导的单极世界”。可见，作为冷战后唯一的超级大国，美国谋求领导世界，希望建成“美国治下的和平”。尽管如此，面对当今世界多极化的趋势，美国依然无力主导世界格局。

关于经济全球化问题，华师大版《高中历史第六分册》指出“发展的不平衡深深根植于世界体系的结构性、体制性缺陷中，因此加剧了经济全球化的负面效应及其风险。如何解决伴随经济全球化而来的大量全球性问题，是事关人类命运的重大课题”。《中外历史纲要（下）》给予了更为具体的表述，指出“在经济全球化进程中，世界经济发展面临的风险和不确定性增加，与此同时，各国经济彼此依存，利益交融前所未有，已经形成了你中有我、我中有你、一损俱损、一荣俱荣的关系，没有哪一个国家可以独善其身。……面对经济全球化带来的机遇和挑战……正确的选择是……以诚相待、普惠共享，充分利用一切机遇，合作应对一切挑战，引导好经济全球化走向”。《中外历史纲要（下）》的表述体现出各国互相联系与互相依存程度日益加深的情况，同时也揭示了世界大发展大变革大调整时期，人类必须携手才能解决共同的问题。

第三部分　核心问题释读

线索一　前所未有的机遇和挑战

1. 当今世界发展的“新”特点及其形成原因

◆ 为什么多极化趋势不可逆转?

第二次世界大战结束后，国际形势虽然陷入了长达半个世纪的冷战对峙，但与此同时，世界也发生了深刻的变化。欧洲共同体的成立和发展、日本经济的“起飞”、东欧国家反抗苏联的大国沙文主义控制，昭示着西方资本主义阵营逐渐分化与苏联社会主义阵营开始瓦解。中国的发展与第三世界的兴起，也对美苏两极格局造成了有力冲击。可以说，在两极格局中孕育着多极化发展趋势。尽管这一趋势的进展是曲折的，但仍不断发展和深入。出于对国际形势的观察和分析，邓小平在 1990 年 3 月就明确指出：

> 美苏垄断一切的情况正在变化。世界格局将来是三极也好，四极也好，五极也好，苏联总还是多极中的一个，不管它怎么削弱，甚至有几个加盟共和国退出去。所谓多极，中国算一极。中国不要贬低自己，怎么样也算一极。
>
> ——邓小平：《国际形势和经济问题》，载《邓小平文选》第 3 卷，转引自《中外历史纲要（下）》第九单元第 22 课“史料阅读”栏目。

随着冷战的结束、两极格局的瓦解，世界又一次站在历史的十字路口，但是和平、发展、合作、共赢的历史潮流不可阻挡。在这一时代潮流左右下，多极化不可能仅是“极”的增加，而是具有与两极不同的新特征。时代潮流不可阻挡，多极化趋势也将不可逆转。

此外，各国政治、经济发展本就存在不平衡性的规律，当今世界的发展特征又具有经济全球化与社会信息化，国际竞争可以在不同层面、不同领域展开，国际发展的多样性也会增强，多极化趋势自然获得进一步发展的推动力。在此过程中，社会发展日新月异，各国的相互依存关系日益紧密，同时也在不断调整各自在不同领域中的“定位”。

全球化发展带来的不仅是更多的发展机遇，还改变了国际社会中的行为主体，从而也触动了国际形势的发展。

◆ 为什么说“经济全球化是一个历史发展过程?”

20 世纪 90 年代以来，伴随跨国公司的迅猛发展，世界各国被纳入到全新的国际生产分工体系之中，经济全球化的浪潮深入到人类社会生活的各个角落。“经济全球化”一词也成了西方学术界的“热点”讨论。

> 什么是经济全球化？目前并无统一的说法。国际货币基金组织 1997 年 5 月的报告给出的定义是：“经济全球化是指跨国商品与服务贸易及国际资本流动规模和形式的增加，以及技术的广泛迅速传播和世界各国经济的相互依赖性增强。”经济合作与发展组织说它是一个过程，“在这个过程中，经济、市场、技术与通信形式都越来越具有全球特征，民族性和地方性在减少”。
>
> ——钟轩理：《经济全球化趋势不可阻挡》，
> 《人民日报》2018 年 10 月 12 日，第 1 版。

无论定义如何不同，经济全球化是人类社会科技进步和生产力发展的必然结果，其产生、发展以及未来的趋势，伴随着人类社会的历史发展进程而演进。

全球化的经济联系开始于新航路的开辟和资本主义在西欧的兴起，这些活动本就是历史发展积淀的产物。

> 在 10 至 14 世纪间，中欧和西欧的人口约增长了 50%。……人口的增长和农业的发展相应地促进了商业和城市的发展。……人口压力加之诸国家和城市国家之间的竞争的促进力，驱使商人们去寻找新的产地、新的路线和新的市场。……由于明显的地理方面的原因，欧洲完全做不到自给自足，它迫

切需要香料和其他外国产品。这一需要与迅速发展的经济活动及蓬勃的经济活力一起，最终使欧洲人航行于各大洋，使欧洲商人遍布每一个港口。

——［美］斯塔夫里阿诺斯：《全球通史》，吴象婴、梁赤民译，北京大学出版社 2020 年版，第 630—633 页。

而新航路开辟带来的人口、动植物跨区域大范围的传播和交流，使世界的人文地理格局和自然环境状态发生了变化。再借助西欧的殖民扩张，一个初步的、不甚合理的世界市场和国际分工逐渐显露端倪。

市场的不断扩大，唤起生产技术革新的动力，引发了两次工业革命。占据发展优势的资本主义国家又用新式交通和军事装备，将全世界卷入到工业化文明中。

市场总是在扩大，需求总是在增加。甚至工场手工业也不再能满足需要了。于是，蒸汽和机器引起了工业生产的革命。

——［德］马克思、恩格斯：《共产党宣言》，《马克思恩格斯文集》第二卷，转引自《中外历史纲要（下）》第五单元第 10 课“史料阅读”栏目。

两次工业革命挟带着前所未有的冲击力将全世界几乎都纳入到了资本主义世界体系之中，经济的全球化也达到了一个前所未有的高度。然而由于缺乏相应的制度制约和国际组织的协调，资本主义世界政治与经济的不平衡导致了两次世界大战，给人类社会带来了深重的灾难。

第二次世界大战以后，国际货币基金组织、世界银行和关税贸易总协定等国际经济组织的建立，既适应了经济全球化发展的需要，又进一步促进了经济全球化的进程。跨国公司的出现，辅之以计算机技术、互联网技术乃至人工智能的发展，国际贸易和国际投资越发便捷，经济全球化进程有了更快速、更深入的发展。

据联合国贸发组织发表的《关于 2000 年世界投资、跨国公司并购发展报告》提供的数字，全世界已有 6.3 万家跨国公司，它们的子公司达 40 万家。这些跨国公司 1999 年的销售额从 1980 年的 3 万亿美元，增加到 14 万亿美元，几乎是世界贸易额的两倍。跨国公司的总产值已超过世界总产值的 1/3。跨国公司的对外直接投资已达 8 650 亿美元，占世界投资总额的 90%左右。

——杜厚文：《21 世纪世界经济发展的几个重要趋势》，《中国特色社会主义研究》2001 年第 6 期，第 33 页。

◆ 如何理解社会信息化与文化多样化？

社会信息化是发展以计算机为主、智能化工具为代表的新生产力，并建立具有组织性的信息网络体系，以促进信息交流和知识共享。作为科学技术发展的结果，社会信息化的发展趋势是为了提高经济增长质量，推动经济社会向高效、优质发展转型。因此，与政治多极化、经济全球化一样，社会信息化也是一种不可逆转的历史进程。

社会信息化的形成是建立在技术发展的基础上的：

> 支撑社会信息化的技术基础最早出现在美国，而非日本。第一是电子计算机的发明，微电子技术的创新；第二是个人计算机的出现，硬件制造成本及购买费用不断降低，升级换代频率进入加速度，以及程序语言推陈出新和应用软件层出不穷；第三是计算机技术与电视、卫星通信技术的结合；第四则是网络技术诞生、互联网应用普及和无线网络崛起等，构成了社会信息化的关键性技术内核。
>
> ——王旭东：《论社会信息化的影响与冲击——从当代历史进程到世界史研究》，《世界历史》2007 年第 5 期，第 44 页。

文化多样化，则是人类社会发展的一个基本特征。就像生物具有多样性一样，文化也具有地域性和时代性。人类在适应环境、改造环境下创造了表现形式各异的物质、精神文化，又在历史变迁中以不同方式发展文化。目前世界上有 200 多个国家和地区、2 500 多个民族、6 000 多种语言，共同缔造并协力维护世界文化多样化发展。

文化多样化是人类文明进步的重要动力，维护和促进世界文化多样化是大多数国家的共同愿望。社会信息化使世界各国更加相互依存、相互影响，在经济生活上如此，在文化交流上亦是如此。

2. 大发展大变革时期的“新”问题

◆ 经济全球化是机遇还是挑战？

经济全球化是一把双刃剑，它为世界经济的发展提供了强劲动力，同时也给我们带来了新情况和新挑战。

经济全球化作为科学技术推动下人类社会发展的客观趋势，一方面加强了世界各地的联系，扩大世界市场，对促进资本、劳动力、资源等生产要素在全球范围内的优化配置、降低成本、推动世界各国的经济的繁荣和发展产生了积极的影响；另一方面丰富了商品和服务，方便人们的日常生活。同时促进了世界产业结构的调整，包括经济发达国家从以制造业为主向以服务业为主的转变，跨国公司海外投资扩大，许多发展中国家开始重视利用高新技术加速对传统产业的改造等。这些都推动了人类文明的进步，有利于人类新的价值观念的形成。

与此同时，资本主义主导下的经济全球化始终存在着“你输我赢”“弱肉强食”“赢者通吃”的现象。

首先，全球竞争的利益分配不均现象愈发严重。因资本与科技实力差异显著，发达国家成为主要受益者，而发展中国家则陷入不利与被动境地，其经济主权及安全面临着日趋严峻的挑战。

其次，经济危机的蔓延性与破坏性显著增强。随着全球经济一体化进程的加速，各国经济间的相互依赖性不断加深，致使某些地区的经济危机迅速扩散，波及全球范围。

再次，发展中国家所面临的环境问题日益凸显。发达国家将高污染企业转移至发展中国家，并对这些国家的资源进行掠夺性开采。这些行为严重破坏了发展中国家的自然环境，进一步加剧了全球生态危机。

最后，全球范围内文明与价值观的冲突不断升级。在经济全球化的浪潮中，以美国为首的西方国家竭力推行西方价值观。

近年来，经济全球化的进程面临了显著的阻力。本就复杂多变的国际格局又叠加全球疫情的冲击。这些都进一步加剧了这一逆流趋势。单边主义、孤立主义、利己主义及保护主义思潮不断抬头，逆全球化的声音此起彼伏，给全球经济发展以及民众的生产生活带来了史无前例的挑战与考验。因此，经济全球化中亟须解决的问题是建立公平合理的新的经济秩序，以保证竞争的公平性和有效性。

◆ 社会信息化有哪些弊端?

目前，全球社会信息化发展已迈入一个全新阶段，其特点为全面渗透、跨界融合和引领创新。在这一阶段，“信息”作为核心要素，驱动着技术融合与产业变革，成为推动人类生产生活方式转型及社会进步的关键动力。进一步促进了经济社会快速发展，在各个领域都担负了举足轻重的作用，现代许多人都不敢想象离开信息化的生活。

但是社会信息化也面临诸如个人隐私遭窃取、网络病毒、网络诈骗、舆论暴力等信息安全的问题。比如，伴随智能网联汽车、智能家居、AI 摄像头等智能设备的日益普及，出现诸如在用户不知情的状态下，敏感信息被持续监听，人脸信息被随意采集等情况。未经允许过度收集和使用个人信息、未进行妥善处理导致数据泄露等情况不仅直接威胁用户人身和财产安全，从长远看，还将影响消费者对移动互联网等应用场景的信任，数字经济发展面临新的挑战。在个人信息合法保护与合理利用之间寻求平衡，成为社会信息化亟待解决的问题。

◆ **如何保持文化多样性？**

（一）确认文化多样性是人类的一项基本特性；

（二）认识到文化多样性是人类的共同遗产，应当为了全人类的利益对其加以珍爱和维护；

（三）意识到文化多样性创造了一个多姿多彩的世界，它使人类有了更多的选择，得以提高自己的能力和形成价值观，并因此成为各社区、各民族和各国可持续发展的一股主要推动力；

（四）忆及在民主、宽容、社会公正以及各民族和各文化间相互尊重的环境中繁荣发展起来的文化多样性对于地方、国家和国际层面的和平与安全是不可或缺的……

——联合国教科文组织：《保护和促进文化表现形式多样性公约》（2005 年），转引自《中外历史纲要（下）》第九单元第 22 课“学思之窗”栏目。

文化多样性是人类文明进步的重要动力之一，不同民族和国家文化的内容和形式各具特色。应对文化多样化的挑战，既要认同本民族文化，维系文化根脉；又要尊重其他民族文化，遵循各民族文化一律平等的原则，相互借鉴、求同存异、和睦相处，共同促进世界文化的繁荣。

值得注意的是，尊重全球文化的多样性，我们需要树立正确的文化观念，恰当地平衡文化的独特性与普遍性、民族特色与世界共通性之间的关系。在文化多样性背景下，不同文化间需要培养宽容精神，要以一种包容的、不抱偏见的心态来看待与自己相异的文化。我们应当鼓励不同文化主体间开展富有建设性的交流、增进理解与深入对话，借助平等的对话机制，借鉴并吸收对自身文化有益的元素，从而推动自身文化的创新与繁荣发展。以文明交流超越文明隔阂，文明互鉴超越文明冲突，文明共存超越文明优越。

◆ **人类还面临哪些全球问题？**

“和平赤字”挑战。当前，人类所处的安全局势依然严峻，地区性冲突与局部战争接连不断，恐怖主义活动依然肆虐，导致众多国家的民众，尤其是儿童，深受战争之苦；此外，俄乌冲突的爆发更是引发了全球对核危机的深切忧虑。同时，北约作为军事联盟的持续扩张，进一步加剧了世界的安全风险。

“发展赤字”困境。全球化带来的利益分配不均导致了民粹主义与保护主义情绪的抬头，形成了逆全球化的趋势。保护主义的副作用日益凸显，收入分配不公以及发展空间失衡已成为全球经济治理亟须解决的关键难题。

“治理赤字”难题。全球范围内热点问题频发，气候变化、网络安全、难民危机等非传统安全威胁不断扩散。同时，保护主义与单边主义的兴起对全球治理体系及多边合作机制构成了严峻挑战。

“信任赤字”危机。国际的竞争与摩擦不断升级，地缘政治博弈愈发激烈，导致国际社会间的信任与合作基础受到严重侵蚀。

线索二　在合作共赢中促进全球发展

1. 和平与发展成为时代主题

◆ **为什么和平与发展成为时代主题？**

1985 年，邓小平在会见日本访华团时说：

现在世界上真正大的问题，带全球性的战略问题，一个是和平问题，一个是经济问题或者说发展问题。和平问题是东西问题，发展问题是南北问题。

——邓小平：《和平和发展是当代世界的两大问题》（1985 年 3 月 4 日），转引自《中外历史纲要（下）》第九单元第 23 课“学思之窗”栏目。

两次世界大战给人类留下了深重灾难和沉痛教训，世界各国人民追求和平、反对战争的愿望十分强烈。核武器的出现使人类面临着核战争的毁灭性前景，维护和平成为所有国家关心的首要问题。世界范围内的和平运动有了广泛发展，也成为制约爆发大战特别是核战争的重要因素，和平需要以全人类的力量加以维护也逐渐成为人类的共识。

生存与发展是广大发展中国家的首要任务，继续发展和保持优势也是发达国家面临的问题，对内图稳、对外思和是多数国家的政策取向。对稳定的国际环境迫切要求日益突出，这些对抑制战争起到积极作用。

社会信息化使世界各国更加相互依存、相互影响，经济全球化使世界各国的生产更加紧密地联系起来，加深了各国利益的相互交织和依赖。多极化趋势的发展使世界各主要力量彼此制衡，国际关系民主化潮流与世界多极化趋势相互呼应，对霸权主义战争政策的牵制力量在增加。世界各国更加愿意通过对话、谈判等和平手段解决相互之间的矛盾和分歧，总体上有利于世界的和平与发展。

◆ “和平与发展成为时代主题”的认识是如何形成的?

1985 年邓小平首次将“和平与发展”作为世界的两大问题来谈。自此，和平与发展的时代主题观就成为国家领导人观察时代发展的基点。中国共产党的十三大和十四大报告将和平与发展概括为“当今世界”的“主题”和“两大主题”。1997 年 9 月，中国共产党的十五大明确将和平与发展概括为“当今时代的主题”。党的十六大进一步作了比较详细的阐述：“维护和平，促进发展，事关各国人民的福祉，是各国人民的共同愿望，也是不可阻挡的历史潮流。”党的十七大报告指出：“和平与发展仍然是时代主题，求和平、谋发展、促合作已经成为不可阻挡的时代潮流”；党的十八大报告指出：“当今世界正在发生深刻复杂变化，和平与发展仍然是时代主题”。党的十九大报告断言：“世界正处于大发展大变革大调整时期，和平与发展仍然是时代主题”。党的二十大报告提出“促进世界和平与发展，推动构建人类命运共同体”，进一步将推动构建人类命运共同体与促进世界和平与发展的时代主题相联系。总体而言，对和平与发展的时代主题的认识不断深化，内容不断丰富。这是中国实施改革开放政策的基础，也指导着中国改革开放的发展方向，也是中国对外决策的重要依据。

2. 探求全球问题解决的智慧与实践

◆ 国际社会对解决全球问题的努力有哪些?

时至今日，二战后建立的联合国、国际货币基金组织、世界银行等国际组织依然发挥着全球治理的作用，在应对全球性问题上有一些进展，在维护国际秩序上也取得了一定的成效。但这些机制总体来说由发达资本主义国家所主导，随着世界多极化、经济全球化的发展，国际局势的日益复杂多变，使得各个全球治理机构愈发显得力不从心，逐渐无法满足国际社会发展的需要。改革原有的全球治理机制、加强国际协调成为国际共同关心和正在解决的问题。近些年，在全球层面和地区层面，陆续出现了相应的治理组织与治理机制，如全球层面的二十国集团，地区层面的上海合作组织、金砖国家等。在这些组织中都有中国的参与，中国积极倡导构建人类命运共同体，对全球治理体系改革与建设提供中国方案，促进全球治理体系的变革。

◆ **如何理解中国构建人类命运共同体的倡议以及行动?**

首先，这源自中华文明“以和为贵”“协和万邦”的和平思想与和谐观念。

> 中国人民崇尚“己所不欲，勿施于人。”中国不认同“国强必霸论”，中国人的血脉中没有称王称霸、穷兵黩武的基因。
>
> ——习近平:《在和平共处五项原则发表60周年纪念大会上的讲话》(2014年6月28日)。

“以和为贵”“协和万邦”在中国传统文化中不仅是伦理道德准则，还是传统哲学观、治理观、世界观的组成部分。儒家思想中有“礼之用，和为贵”“君子和而不同”“天下大同”，道家思想中有“阴阳和合而生万物”；墨家思想强调“兼爱”“非攻”，都是“和”的思想体现。构建人类命运共同体思想体现了中华民族传统文化中“以和为贵”“协和万邦”的和平思想与和谐观念。

其次，这是对世界和平与发展、全球治理体系改革与建设提供的中国方案。

> 我们呼吁，各国人民同心协力，构建人类命运共同体，建设持久和平、普遍安全、共同繁荣、开放包容、清洁美丽的世界。
>
> ——习近平:《决胜全面建成小康社会夺取新时代中国特色社会主义伟大胜利——在中国共产党第十九次全国代表大会上的报告》(2017年10月18日)，转引自《中外历史纲要(下)》第九单元第23课“史料阅读”栏目。

人类命运共同体思想内涵丰富，勾勒出了建设“持久和平、普遍安全、共同繁荣、开放包容、清洁美丽的世界”的人类命运共同体的蓝图，并指出构建人类命运共同体的路径：在政治上，强调平等和相互尊重，主张对话协商、结伴不结盟，反对冷战思维和强权政治；在安全上，强调对话和协商解决争端、分歧，主张统筹应对安全威胁，反对恐怖主义；在经济发展上，强调互利、共赢、同舟共济，推动经济全球化朝着开放、包容、合作、共赢的方向发展；在文化上，尊重人类文明的多样性、独特性和自主性，注重不同文明的兼收并蓄、交流互鉴；在生态环境上，强调人与自然和谐共生，主张合作应对气候变化，保护地球的生态环境。构建人类命运共同体，将和平、发展、公平、正义、民主和自由作为全人类共同的价值观，追求相互尊重、公平正义、合作共赢的新型国际关系以及更加公正合理的国际秩序和国际体系，为全球治理体系改革与建设的发展提出了原则、方向以及路径。

人类命运共同体的建设是一个长期、复杂和曲折的过程。为了更好地构建人类命运共同体，中国身体力行地参与完善全球治理体系，大力推进“一带一路”建设，先后发起成立了亚洲基础设施投资银行、金砖国家新开发银行、丝路基金、南南合作援助基金等新机制，还利用 APEC 会议、G20 峰会、“一带一路”国际合作高峰论坛、金砖国家领导人会晤、亚信峰会等主场外交机会，促进治理体系变革，力求在合作共赢中促进全球共同发展。

> 中国始终坚持维护世界和平、促进共同发展的外交政策宗旨，致力于推动构建人类命运共同体。
>
> ——习近平：《高举中国特色社会主义伟大旗帜　为全面建设社会主义现代化国家而团结奋斗——在中国共产党第二十次全国代表大会上的报告》，《人民日报》2022 年 10 月 26 日，第 5 版。

中国构建人类命运共同体的倡议和实践反映了中国共产党将中国自身的前途命运与世界人民的前途命运紧密相连，为人民谋幸福、为民族谋复兴、为世界谋大同，为人类社会发展问题、积极参与全球治理体系改革和建设贡献的中国方案和中国智慧。

历史之音

1. 如何看待古代丝绸之路文明与当代“一带一路”倡议的关系？

> 众所周知，“一带一路”倡议的提出，其初心就是要借鉴古丝绸之路，以互联互通为主线，同各国加强政策沟通、设施联通、贸易畅通、资金融通、民心相通，为世界经济增长注入新动能，为全球发展开辟新空间，为国际经济合作打造新平台。共建“一带一路”的光辉历程让我们深刻认识到，正是这种精神激活了两千多年古丝绸之路的文明记忆，也正是古丝路文明的现代复兴激发了世界上 150 多个国家实现美好梦想的热情，丝路精神已经成为共建“一带一路”最重要的力量源泉。
>
> ——吴志成：《共建“一带一路”站在历史正确一边》，《光明日报》2023 年 10 月 25 日，第 12 版。

“丝绸之路经济带”和“21 世纪海上丝绸之路”合称为“一带一路”。是 2013 年 9 月和 10 月由中国国家主席习近平分别提出建设“新丝绸之路经济带”

和“21世纪海上丝绸之路”的合作倡议，旨在借用古代丝绸之路的历史符号，高举和平发展的旗帜，积极发展与沿线国家的经济合作伙伴关系，共同打造政治互信、经济融合、文化包容的利益共同体、命运共同体和责任共同体。

在古代，丝绸之路是东方与西方之间在经济、政治、文化等诸多方面进行交流的主要道路。19世纪末，德国地质地理学家李希霍芬在《中国》一书中，把从公元前114年至公元127年间，中国与中亚、中国与印度间以丝绸贸易为媒介的这条西域交通道路命名为“丝绸之路”。这一名词很快被学术界和大众所接受，并正式运用。随后，在20世纪初，德国历史学家郝尔曼出版了《中国与叙利亚之间的古代丝绸之路》一书。他根据最新发掘的文物和考古资料，将丝绸之路的延伸范围进一步扩大到了地中海西岸及小亚细亚地区。通过此举，他明确了丝绸之路的基本定义：这是一条起始于中国古代，穿越中亚，最终抵达南亚、西亚、欧洲乃至北非的陆上贸易与文化交流之路。

为了使欧亚各国经济联系更加紧密、相互合作更加深入、发展空间更加广阔，我们可以用创新的合作模式，共同建设“丝绸之路经济带”，以点带面，从线到片，逐步形成区域大合作。加强政策沟通、道路联通、贸易畅通、货币流通和民心相通。

——习近平：《弘扬人民友谊　共创美好未来》(2013年9月7日)。

东南亚地区自古以来就是“海上丝绸之路”的重要枢纽，中国愿同东盟国家加强海上合作，使用好中国政府设立的中国-东盟海上合作基金，发展好海洋合作伙伴关系，共同建设21世纪“海上丝绸之路”。中国愿通过扩大同东盟国家各领域务实合作，互通有无、优势互补，同东盟国家共享机遇、共迎挑战，实现共同发展、共同繁荣。

——习近平：《携手建设中国——东盟命运共同体》(2013年10月3日)。

“一带一路”倡议的着眼点在于通过与共建“一带一路”国家在政治、经济、文化等方面的沟通和交往，以各国之间的相互包容、互惠互利为基础，建立起融利益、责任与命运为一体的互惠互利共同发展机制。“一带一路”倡议的推进和发展，是中国推进人类命运共同体理念的实践。

“一带一路”倡议实施以来，在以习近平为核心的党中央坚强领导下，我国统筹谋划推动高质量发展、构建新发展格局和共建“一带一路”，十年来硕果累累。截至2021年末，我国已与145个国家、32个国际组织签署200余份共建“一带一路”合作文件，涵盖投资、贸易、金融、科技、社会、人文、民生等领域。截至2022年1月底，中欧班列累计开行突破5万列，运送货物超455万标箱，货值达2400亿美元，通达欧洲23个国家180个城市，为推动“一带一路”高质量发展作出了积极贡献。2013—2021年，中国与共建“一带一路”国家进出口总值由6.5万亿元增长至11.6万亿元，年均增长7.5%，高于同期整体货物贸易年均增速；占同期我国外贸总值的比重由25%提升至29.7%。亚洲基础设施投资银行等多边金融合作机构成立，为“一带一路”建设和双多边互联互通提供投融资支持。截至2021年10月，亚投行的成员数量由启动运营时的57个增至104个，成员数量仅次于世界银行，覆盖亚洲、欧洲、非洲、北美洲、南美洲、大洋洲六大洲。截至2021年末，亚投行已批准158个项目，累计投资总额达319.7亿美元。面对新冠疫情，2020年，我国向150个国家和13个国际组织提供防护服、口罩、呼吸机等大批防疫物资，向34个国家派遣37个医疗专家组。截至2021年末，我国已累计向120多个国家和国际组织提供超过20亿剂新冠疫苗，其中很大一部分面向共建“一带一路”国家。①

党的二十大报告指出，推进高水平对外开放，推动共建“一带一路”高质量发展，体现了中国坚定不移推动共建“一带一路”高质量发展的决心，把“一带一路”建设成为和平之路、繁荣之路、开放之路、绿色之路、创新之路、文明之路，为推动构建开放型世界经济、人类命运共同体做出新的更大贡献。

2. 如何看待“逆全球化”现象？

> 逆全球化是指与经济全球化相背、国际合作和相互依赖逐渐消减的全球性发展趋势。
>
> ——吴志成、吴宇：《逆全球化的演进及其应对》，《红旗文稿》2018年第3期，第32页。

在当今世界，“逆全球化”的表现基本可以概括为以下几个方面：

经济上的保护主义，如设立贸易壁垒、推行差别政策来保护本国的产业和市场等；

---

① 数据出自国家统计局《“一带一路”建设成果丰硕　推动全面对外开放格局形成——党的十八大以来经济社会发展成就系列报告之十七》，http://www.stats.gov.cn/tjsj/sjjd/202210/t20221009_1888994.htm，2022年10月09日。

政治上的孤立主义，如美国政府提出的专心国内事务，退出多个国际组织、撕毁多个国际协议，以规避国际责任等行为；

文化上的民族主义和民粹主义，如歧视性的移民政策、英国脱欧等，将社会问题简单化为“自己人”与“外来人”的对立冲突；

生态上的帝国主义，如绿色贸易壁垒等，削弱发展中国家的竞争性以变相占有其资源。

“逆全球化”思潮的产生，是对全球化发展下“新问题”的思考和应对，但本质上来说，是对不合理的国际旧秩序的“眷恋”，是先发的资本主义国家稳固其全球化领导权和话语权的尝试。这种意图使得美国、欧洲等原本经济全球化的积极推动者和获利者，转变成了“逆全球化”思潮的始作俑者。

不论“逆全球化”思潮如何表现与发展，经济全球化已然成了不可逆转的发展趋势。伴随着社会生产力的不断提升，政治多极化、经济全球化、社会信息化、文化多样化的持续发展，“逆全球化”思潮将会长期存在，但终会消融。当然在这一过程中，人类走向“全球化”的方式方法也在不断调整调试。